AF591106

Docteur G. MIGNEN

# Les Maîtresses et Maîtres d'École De Montaigu

AVANT ET DEPUIS 1789

LA ROCHE-SUR-YON
RAOUL IVONNET, IMPRIMEUR-ÉDITEUR,
15, Rue Lafayette, 15

1907

Docteur G. MIGNEN

# Les Maîtresses et Maîtres d'École De Montaigu

AVANT ET DEPUIS 1789

LA ROCHE-SUR-YON
RAOUL IVONNET, IMPRIMEUR-ÉDITEUR,
15, Rue Lafayette, 15

1907

# Ouvrages du même Auteur

**Paroisses, Églises et Cures de Montaigu (Bas-Poitou)**

Un vol. in-8e de 200 pages (1900)

**Les Religieuses Fontevristes du Couvent de Notre-Dame de Saint-Sauveur, à Montaigu (Bas-Poitou)**

Un vol. in-8o de 220 pages (1902)

**Chartes de Fondations pour l'Aumônerie-Hôpital de Montaigu (Bas-Poitou) — 1174, 1182, 1241, 1696**

Une brochure in-8e de 38 pages (1901)

Docteur G. MIGNEN

# es Maîtresses et Maîtres d'École

## De Montaigu

AVANT ET DEPUIS 1789

LA ROCHE-SUR-YON
RAOUL IVONNET, IMPRIMEUR-ÉDITEUR,
15, Rue Lafayette, 15

1907

# Les Maîtresses et Maîtres d'École De Montaigu

AVANT ET DEPUIS 1789

PAR LE

Docteur G. MIGNEN



*M. Métay, qui a laissé les meilleurs souvenirs à Montaigu où il fut instituteur pendant onze années, a fait paraître, dans la* REVUE DU BAS-POITOU (1), *une intéressante étude ayant pour titre :* LES ÉTABLISSEMENTS D'INSTRUCTION PRIMAIRE A MONTAIGU, AVANT ET DEPUIS 1789.

*Nous publions, sur le même sujet, un travail pour lequel nous avons utilisé, comme lui, les notes manuscrites de M. Dugast-Matifeux, mais dont la plus grande partie est le fruit de nos recherches dans les documents que cet érudit a légués à la Bibliothèque de Nantes, et surtout dans nos*

(1) *Revue du Bas-Poitou*, 9e année (1896), 1e livraison, p. 133 et suiv.

*archives communales et départementales* (1). *C'est un nouveau chapitre de l'histoire de Montaigu, promise et interrompue souvent par nos occupations professionnelles, que nous dictaient aussi des sentiments de piété filiale.*

*Parmi les maîtres qui ont dirigé l'école des garçons à*

(1) Les Archives du département de la Vendée ont une fort mauvaise réputation parmi les chercheurs. On n'y trouve rien, ne cesse-t-on de répéter. C'est là une erreur dont nous n'avons pas à rechercher la cause, mais qu'il est facile de détruire par le simple exposé des documents anciens et de la Révolution qu'elles contiennent :

*Série B :* 1,165 articles concernant les juridictions inférieures ou seigneuriales, sur la maîtrise des eaux et forêts de Fontenay-le-Comte.

*Série C :* 1,013 registres d'insinuations des anciens bureaux de contrôle — une quarantaine d'articles sur la généralité de Poitiers, sur les assemblées provinciales de 1787 à 1790, etc.

*Série D :* 31 liasses provenant du collège des Jésuites de Fontenay-le-Comte.

*Série E :* Titres féodaux, titres de familles. Environ un millier d'articles sur les anciennes familles poitevines, et de nombreuses liasses de minutes des notaires

*Série G :* 300 articles (Evêchés et Chapitres de Luçon, La Rochelle, Maillezais; Eglises paroissiales, etc.).

*Série H :* 230 articles : Ordres et Communautés religieuses.

*Séries L et Q :* Deux séries révolutionnaires des plus importantes.

Nous ne ferons que mentionner, pour la partie contemporaine, la *Série R* (guerre et affaires militaires), indispensable à consulter pour les guerres de la Révolution et de l'Empire, et la *Série M*, qui concerne la police administrative de l'an IX à 1852, et renferme sur le mouvement politique, dans notre département, des renseignements du plus haut intérêt.

Ces documents, qui occupent plus de 1,000 mètres de rayons, sont heureusement consultés depuis quelque temps par des érudits de plus en plus nombreux. Mais nous ne saurions passer sous silence, et pour l'en remercier, l'accueil si sympathique de M. l'Archiviste, et la bonne grâce parfaite avec laquelle il met à la disposition des travailleurs les richesses dont il a la garde. Nos archives, qu'on le sache bien, sont aussi importantes que peuvent l'être celles d'une bonne moitié des autres départements, et nous n'avons qu'à regretter l'absence d'un employé auxiliaire qui, débarrassant M. l'Archiviste des soins matériels, ce qui a lieu partout ailleurs, lui permettrait de consacrer tout son temps à un classement définitif, devant sans cela, et au grand détriment de tous, rester longtemps imparfait.

*Montaigu — et elle fut longtemps la plus importante dans notre région extrême du Bas-Poitou, — mon père méritait une mention particulière, pour laquelle il a suffi simplement d'exprimer la vérité. Il était admirablement doué pour sa profession, et, malgré les conditions matérielles les moins favorables, les succès qu'il a obtenus n'avaient jamais été atteints, et ne seront que très-difficilement égalés.*

*De l'existence d'écoles de filles et de garçons dans notre localité, longtemps même avant la Révolution, nous ne voudrions pas conclure cependant que l'instruction était bien répandue. Bon nombre d'enfants, en âge d'y être inscrits, n'y paraissaient sans doute jamais, car il devait se produire alors ce que l'on constatait, en 1819, du temps de M. Aillery : sur 80 enfants susceptibles d'aller à l'école, 20 seulement y étaient envoyés par leurs parents.*

*De plus, avant la Révolution, l'instruction du peuple n'avait reçu aucune organisation, presque partout du moins. Les maîtres faisaient ce qu'ils pouvaient, et comme ils le voulaient ; et, généralement peu instruits eux-mêmes, ils se bornaient à enseigner les principes de la religion, de la lecture et de l'écriture. Ces dernières, au reste, ne tardaient pas à être entièrement oubliées par des élèves auxquels l'absence des moyens de communication rendait la fréquentation rare et difficile.*

*Montaigu, il est vrai, faisait un peu exception depuis la fin du XVII^e et le commencement du XVIII^e siècle. C'est que les seigneur et dame de Crux avaient assuré la situation de nos maîtresses et de nos maîtres d'écoles par leurs libéralités : en les faisant connaître, nous croyons acquitter, au nom de nos concitoyens, une dette de reconnaissance.*

*Nous divisons notre travail en deux parties.*

I. ÉCOLES DE FILLES : 1° *Pensionnat des Religieuses Fontevristes de Notre-Dame de Saint-Sauveur ;* 2° *Ecole de la Propagation ;* 3° *Ecole et Pensionnat des Religieuses de Chavagnes ;* 4° *Ecole publique ;* 5° *Ecoles libres ; Pensionnat et Ecole Jeanne-d'Arc ;* 6° *Ecole d'asile.*

II. ÉCOLES DE GARÇONS : 1° *Maîtres d'Ecole laïques ;* 2° *Ecole libre congréganiste ou Ecole du Chaffault.*

# I. — ÉCOLE DE FILLES

## 1° Pensionnat des Religieuses Fontevristes de Notre-Dame de Saint-Sauveur

Paule et Charlotte de Fiesques, religieuses bénédictines du couvent de la Regrippière (1), étaient venues, vers 1622, fonder à Montaigu, sous le vocable de Notre-Dame de Saint-Sauveur, une communauté de leur ordre, qui, en 1643, s'affilia à celui de Fontevrault alors tout puissant.

Les religieuses ne tardèrent pas sans doute à établir, dans leur maison (2), le pensionnat auquel ne furent jamais admises que les demoiselles de la noblesse et de la haute bourgeoisie. Nous ne saurions toutefois préciser l'époque de cette création, les archives de Fontevrault ne nous ayant fourni aucune indication à cet égard, mais nous pouvons affirmer que, tout au moins en 1669, elles réunissaient des pensionnaires : l'une d'elles, Marie-Anne Savary, demoiselle du Chastellier, fut marraine à la Boissière (3), le 21 février de cette même année.

Ce pensionnat fut la première école pour les filles dont

(1) La Regrippière, commune de Vallet (Loire-Inférieure).

(2) Le couvent des Religieuses Bénédictines, puis Fontevristes, fut établi dans la propriété dite du Couvent, aujourd'hui du Rocher, appartenant actuellement à Mlle Lucile Martineau (V. notre ouvrage : *les Religieuses Fontevristes de Notre-Dame de Saint-Sauveur à Montaigu* (Bas-Poitou).

(3) La Boissière-de-Montaigu. — Elle fut marraine de René, né le 12 février précédent, fils de Daniel Savary, escuyer, seigneur de la Rigaudière, et de damoiselle Marie Bousseau.

nous ayons trouvé la mention. Il dura jusqu'à la Révolution, et fut naturellement le lieu d'instruction des enfants riches de toute la région. Montaigu était, au XVIIe et XVIIIe siècle, la demeure favorite de la noblesse du pays, qui y trouvait plus de commodités que dans ses châteaux isolés et difficilement fréquentés, et citer les noms de ses représentants (1) serait donner la liste des pensionnaires, dont plusieurs même ne quittèrent leurs camarades qu'après s'être mariées dans la chapelle de la communauté. Nous nous contenterons de désigner celles qui nous sont réellement connues, et dont les parents ne demeuraient pas à Montaigu : — 1669, Marie-Anne Savary, dont nous venons de parler; — 1708, Modeste-Anne-Rosalie et Marie-Françoise-Henriette de la Touche-Limouzinière (2), qui, trois ans plus tard prirent le voile dans la communauté; — 1714, Perrine Pain (3), damoiselle de la Bougonnière, qui épousa, dans la chapelle du couvent, Maître Jean Dugast (4), notaire et procureur du marquisat de Montaigu (12 février 1714); — 1728-1730, les demoiselles Miraillet (5), des Sables-d'Olonne; — 1732, Pélagie de la Roche-Saint-André (6), qui épousa, dans la chapelle du couvent, Louis-Charles Du Chaffault de la Gastière (7) (7 janvier 1732); — 1740-1742, Françoise Moutel de la Bézinière (8), mariée aussi dans la même chapelle, à

(1) V. nos *Paroisses, Eglises et Cures de Montaigu*, p. 13.

(2) Filles de Messire Louis-Jean-Charles-Urbain de la Touche-Limouzinière, chevalier, seigneur de la Vergne-Greffaud, et de Marie-Charlotte Charbonneau.

(3) Fille de Me Mathurin Pain et de Renée Porcellet.

(4) Fils de Jean et de Marie Bocquier.

(5) Filles de Pierre-Denis Miraillet, écuyer, receveur des tailles de l'élection des Sables-d'Olonne, et de N. Coujard de la Rifaudière.

(6) Fille de Louis-Gilles, chevalier, seigneur des Ganuchères et de Chambrette, capitaine des vaisseaux du Roi, et de dame Charlotte de Saint-Légier.

(7) Fils de Alexis-Augustin, seigneur de la Sénardière, et de dame Marie Boux.

(8) Fille de Me Jean et de Anne Roche, de la paroisse de Rezé, au diocèse de Nantes.

Maître Pierre Raud (1), notaire et procureur de Saint-Colombin (8 mai 1742) ; — 1751, Marie-Jeanne Berriau de la Davilière (2) ; — 1752, Marie-Anne Portail (3), mariée dans la même chapelle, à Messire René Marin de Rangot (4) (9 février 1752) ; — 1791-1792, Marie et Judith Symon de Creil.

Une quittance, au nom de ces dernières, nous apprend que le prix de la pension était de cinq cents livres pour chacune d'elle.

Les Religieuses furent obligées à quitter leur communauté le 4 octobre 1792 (5). Depuis quelque temps déjà les pensionnaires, pour la plupart, étaient rentrées dans leur famille, et l'incendie n'allait pas tarder à mettre en ruines l'habitation qui avait été, pendant cent soixante-dix ans, une demeure claustrale égayée par la vie bruyante et joyeuse des élèves qu'elle abritait.

Nous ne connaissons pas le genre d'instruction qui se donnait dans cet établissement, où l'on admettait aussi des élèves externes. Les Religieuses appartenaient presque toutes à des familles au milieu desquelles elles avaient reçu une éducation assez soignée, et leur enseignement devait s'en ressentir. C'est tout ce que nous pouvons en dire.

(1) Fils de Me Pierre et de Julienne Dugast.

(2) Fille de Toussaint-Clément, sieur de la Davilière, chirurgien, et de Catherine Febvre, de la paroisse de Saint-Pierre-du-Luc ; elle épousa, à Saint-Jean-Baptiste-de-Montaigu, le 20 juillet 1751, Artus-Victor Déenne Duchâteau.

(3) Fille de Messire Daniel Portail, écuyer, seigneur de la Vachonière, et de dame Marie-Anne de Laugy.

(4) Fils de Messire Marin de Rangot, écuyer, et de dame Marie Verdon.

(5) V. notre ouvrage : *Les Religieuses Fontevristes*, etc., p. 115 et suiv.

## 2° Ecole des Filles dite « la Propagation »

Si le pensionnat des Religieuses Fontevristes nous est peu connu, nous sommes mieux documenté sur l'établissement d'instruction établi en faveur des filles du peuple, sans savoir pourtant à quelle époque il fut primitivement créé.

Il existait certainement dès l'année 1684, puisque Marie Favreau, *maîtresse de l'école*, qui mourut le 12 mars 1744, âgée de soixante-treize ans, avait enseigné, dit l'acte de son décès, « pendant plus de soixante ans ». Elle avait donc dû commencer bien jeune, dès l'âge de dix à douze ans, et son rôle d'institutrice n'avait pu s'exercer que sous la direction de maitresses plus âgées : c'est ce qui permet d'affirmer que vers l'année 1660, l'école pour les filles était déjà instituée.

A ce premier établissement le marquis Gabriel-Antoine de Crux, et Françoise de Saint-Martin, sa femme, seigneur et dame de Montaigu, firent quelques libéralités le 10 octobre 1702 (1). Mais c'est surtout le 16 novembre 1705, qu'ils lui donnèrent la forme définitive sous laquelle il put vivre et progresser jusqu'à la Révolution.

Avant de reproduire en son entier l'acte de cette fondation, nous devons nous demander si, comme l'a dit M. Dugast-Matifeux et l'a répété après lui M. Métay, elle fut faite dans un but expiatoire. On sait, en effet, que Jacques-Antoine de Crux, père de Gabriel-Antoine, pour avoir accusé du crime de lèse-majesté François de la Mothe, sieur d'Aunay, et produit contre ce dernier deux faux témoins, avait été condamné à mort et décapité en place de Grève, le 13 décembre 1669.

Sans doute Gabriel-Antoine de Crux ne pouvait, par une institution plus utile, se proposer de racheter le crime de

(1) Elles sont indiquées dans l'acte de fondation donné à la page suivante.

son père, en tout cas, il aurait mis plus de trente ans à se décider à une telle réparation. Nous aimons plutôt croire qu'il fut uniquement guidé, comme il le dit lui-même, par le « grand fruit qui était provenu » de sa donation du 10 octobre 1702.

## Concession faite par Monsieur et Madame la Marquise de Crux en faveur de l'Hôpital de Montaigu. — Établissement de la « Propagation ».

« Par devant les notaires du marquisat de Montaigu, « soussignés, furent présents : haut et puissant seigneur « Messire Gabriel-Anthoine de Crux, chevallier, seigneur « marquis de Crux et de cette cour, Vieillevigne, Grandlieu, « Saffré, Thouvois, le Plessis-la Gayne, Saint-Estienne-de-« Mermor (1), Boisrouaud, Rocheservière, Loudrière et « autres lieux, et haute et puissante dame Françoise de « Saint-Martin, son espouze, demeurant ordinairement à « Paris, estant à présent en leur château en cette ville ; « lesquels, s'estant fait représenter l'acte de concession « qu'ils ont fait, par acte du dix octobre mil sept cent deux, « d'une maison, cour et jardin à eux appartenant, sittuées « en cette ditte ville (2) proche la maison qui est aux héri-« tiers du sieur Hervé (3), channoine, pour servir de loge-« ment aux mestresses d'écolle des jeunnes filles de cette « ville et faux bourgs, pendant leur vivent et jusqu'au trépas « du dernier mourant ; voyant le grand fruit qui en est « provenu, et voullant en tout procurer le bien et avantage « du lieu, et rendre la ditte concession durable pour tous-« jours, ont, par ces présentes, icelle ratifié et confirmé « pour durer à perpettuité, sans révocation, aux conditions « expresses : que la ditte maison sera et demeurera réunie « à l'hôpital de cette ditte ville ; que l'escolle y sera faitte,

(1) Pour Saint-Etienne-de-Mer-Morte (Loire-Inférieure).

(2) Les maison, cour et jardin dont il est question ici, et qui demeurèrent la propriété de la « Propagation » jusqu'en 1827, étaient situés près de l'enclos des Religieuses Fontevristes, et n'en étaient séparés que par la rue du Vieux-Couvent. Ce petit domaine occupait, entre cette dernière et la rue Traversière, les Nos 204, 206 et 207 du cadastre.

(3) François Hervé fut chanoine de la Collégiale de Saint-Maurice-de-Montaigu, au moins de 1677 à 1690.

« comme par le passé, par les mestresses qui y seront
« comises par les sœurs du dict hôpital, lesquelles auront
« leur logement dans la ditte maison, y enseigneront gra-
« tuittement le nombre de neuf pauvres filles, dont il y en
« aura quatre de la parroisse de Saint-Jean, trois de Saint-
« Jacques et deux de Saint-Nicolas, suivant l'inquidation
« (indication) de Messieurs les curés, et, en outre, instrui-
« ront encore les autres filles qui pourront se trouver à la
« charge de mes dits seigneur et dame et leurs successeurs
« seigneurs de ce marquisat, aussy gratuittement, parce
« que le dict hôpital sera tenu d'acquitter le legs fait par la
« ditte concession d'une messe à basse voix, par chacun
« an quinze octobre, dans l'église de Saint-Jean de cette
« ditte ville, à l'intention de mes dits seigneur et dame, à
« laquelle la communautté de la ditte escolle assistera au-
« tant que faire se pourra ; et, à la mort de l'un d'eux arri-
« vant, le service de la ditte messe sera transféré au jour
« du dit déceds, duquel service le sieur curé de la ditte
« parroisse fera l'avertissement le dimanche précédant ; et
« encore sera le dit hôpital tenu, sauf à y obliger si bon lui
« semble les dittes mestresses d'escolles, à l'entretien des
« réparations de la ditte maison, cour et jardin, et de paier
« et acquitter les cens et rentes deues sur le tout, et nota-
« ment celle deue au sieur Blanchet (1) de la somme de
« saize livres et saize sols, et d'en raporter acquit par cha-
« cun an à mes dits seigneur et dame ou à leur receveur en
« cette ditte ville, sous les peines que de droit ; laquelle
« escolle de charitté sera gouvernée et conduitte par la
« première sœur du dit hôpital (2), sans néantmoins qu'on
« y puisse nommer aucunnes mestresses pour y enseigner
« sans l'agrément et exprès consentement de mes dits
« seigneur et dame et de leurs successeurs, et du sieur
« curé de la dite parroisse, lequel aura soin de demender
« aussy l'agrément de Monseigneur l'evesque, moyennant
« quoy aucunes autres personnes ne pourront s'ingérer à

(1) Blanchet (Pierre), sieur de la Bissetière, licencié ès loix, lieutenant des traites du Bas-Poitou et Bas-Anjou au département de Montaigu, conseiller du Roy, notaire apostolique, greffier en chef de la juridiction de Montaigu, fils de Pierre et de Anne Le Geay, avait épousé, à Saint-Jean-Baptiste-de-Montaigu, le 10 janvier 1690, damoiselle Marie-Anne Payneau, fille de Louis et de Marie Eschassereau. Il fut inhumé en l'église Saint-Jean-Baptiste-de-Montaigu, le 25 juin 1720, âgé de 55 ans. Sa veuve mourut en la même paroisse, le 22 mai 1731, âgée de 85 ans.

(2) Jeanne Le Lou de Beaulieu était alors la supérieure.

« enseigner les filles de cette ville et faux bourgs, ny y tenir « l'escolle pour filles ; et ne pourront ces présentes préjudi« cier à l'exécution de l'acte de concession cy-dessus datté, « pandant la vie de Renée Minguet et Marie Favereau, « après quoy la ditte concession sera exécutée comme il est « cy-dessus dit, laquelle sera acceptée par les sieurs admi« nistrateurs dudit hôpital, dans le mois, et exécuttee « ponctuellement dans tous ses points et conditions à « peine de nullité d'icelle. Fait et passé au dit Montaigu, au « château du dit lieu, sous le seing de mes dits seigneur et « dame, ce saize novembre mil sept cent cinq. La minute « des présentes est signée : Gabriel-Antoine de Crux, pour « concession ; Françoise de Saint-Martin ; P. Thoumazeau, « nottaire, et Badereau, nottaire, pour registre, qui est « garde d'icellui ; controllé à Montaigu en le temps de l'édit. « Signé : Thoumazeau et Badereau, nottaires. »

(Archives de l'hôpital, pièce sur parchemin, 8 pages, liasse B1).

L'école des filles, devenue par la volonté des seigneur et dame de Crux la « *Propagation* », était donc une dépendance de l'hôpital, qui était chargé d'en assurer l'entretien ou d'y obliger le personnel enseignant. Celui-ci était placé sous la direction de la première sœur de l'hôpital — c'est-à-dire de la supérieure, — mais nommé sur la présentation du seigneur de Montaigu et après l'agrément de l'évêque de de Luçon.

En 1705, Renée Minguet (1) et Marie Favreau, déjà maitresses de l'école des filles, devinrent maitresses de la Propagation, ne perdant ainsi. mais pour le grand bien de leur œuvre, qu'un peu de leur indépendance. Nous ignorons la date du décès de Renée Minguet. Quant à Marie Favreau, elle mourut le 12 octobre 1744, âgée de 73 ans, après avoir fait l'école « pendant plus de soixante ans (2) ». La dernière

(1) Née à Montaigu le 2 avril 1655, fille de François et de Louise Simon.

(2) « Le treizième jour d'octobre mil sept cent quarante-quatre, a été inhumé, au cimetière de cette paroisse, le corps de dame Marie Favreau, fille maîtresse de l'école des filles de ce lieu pendant plus de soixante ans, décédée le jour précédent, âgée d'environ soixante-

tout au moins de ces maîtresses avait eu pour l'aider dans sa tâche, Jeanne Allard, Jeanne Gourraud (1) et Anne Verdon de Livrais (2).

En entrant à la Propagation, les sœurs de l'école — ainsi prénommées parce qu'elles dépendaient de l'hôpital — apportaient quelquefois une petite dot dont on leur servait la rente, mais dont le capital demeurait aliéné, après leur mort, en faveur de la Propagation. Et comme elles devaient l'instruction gratuite seulement à neuf filles pauvres et à celles qui étaient à la charge des seigneurs de Montaigu, et que, d'autre part, elles prenaient des pensionnaires, le capital aliéné, auquel s'ajoutaient les bénéfices que pouvaient leur procurer la pension des internes et la rétribution des externes, leur permettait d'accroître leur patrimoine commun.

Ainsi, par acte du 25 juin 1746, au rapport de Bouron et Payraudeau, notaires à Montaigu, Jeanne Allard avait acquis, au profit de l'école de la Propagation, de demoiselle Jeanne Rége de l'Epinay, la rente annuelle perpétuelle et requérable de quatre boisseaux de seigle, mesure de

treize ans; en présence de Messire Mathurin Douteau, curé de Saint-Jacques-de-Montaigu, et de Messire Louis Douillard, clerc tonsuré de cette paroisse, soussignez, et plusieurs autres. — P. Douteau, curé de Montaigu (reg. de la paroisse Saint-Jean-Baptiste).

(1) Elle fut marraine à Saint-Jean-Baptiste-de-Montaigu le 29 juillet 1738, et est qualifiée « maîtresse d'école des filles ».

(2) Ce nom nous est fourni par M. Dugast-Matifeux. Nous ne l'avions trouvé nulle part ailleurs indiqué. Il y avait alors, à Montaigu, un Jacques Verdon, sieur de Linois, commis à la charge de sénéchal et de juge ordinaire de la baronnie de Montaigu, marié le 28 juillet 1676 à Anne Chasson. Nous serions tenté de croire que Anne Verdon de Livrais devrait être plutôt une Verdon de Linois, parente du commis-sénéchal dont une fille portait le même prénom.

Les trois maîtresses citées ici sont, dit M. Métay, qualifiées sœurs de l'hôpital et de l'école; nous ne leur avons vu nulle part attribuer la première de ces dénominations, mais les maîtresses dont nous parlons après elles sont dénommées « sœurs de l'école et de la confrairie de la charité », le mot *sœur* n'entraînant pas l'idée de vœux monastiques.

Montaigu, due sur le village et tènement de la Bazionnière en la paroisse des Brouzils (1). Ce ne fut certainement pas leur seule acquisition à cette époque (2).

Jeanne Gourraud était « directrice de la Propagation » quand elle mourut, le 21 mars 1760, âgée de 74 ans (3). Jeanne-Bénigne Gourraud de la Maison-Neuve (4), probablement sa parente, et Marie-Thérèze Bouffard (5), déjà maîtresses de l'école avec elle, lui succédèrent, et la première devint alors la directrice de l'institution. Leur association ne devait durer que quatre années. Jeanne-Bénigne Gourraud de la Maison-Neuve décéda le 16 août

(1) Cette rente fut reconnue à demoiselles Marie-Thérèse Bouffard, Jeanne Martin et Monique Girard, maîtresses de l'école de la Propagation « comme étant aux droits de Jeanne Allard », le 20 mars 1771 (Fresneau, notaire à l'Herbergement); il en fut donné un titre nouveau le 23 germinal an XII (Brethé et Thibaud, notaires). — Le boisseau de Montaigu valait 18 litres 881 de la mesure décimale actuelle.

(2) Le registre des petits arrentements dûs au marquisat de Montaigu, les dit redevables pour l'année 1755 : de 2 livres 10 sols pour une année de rente sur leurs maison et jardin; de 2 livres 5 sols pour le jardin et la maison de Pérard; de 5 livres 6 sols pour la maison où demeure Pérard; de 6 deniers sur la maison où demeure Douillard, journalier; de 7 deniers sur la maison autrefois à Baudry; de 6 deniers sur leurs cave et grenier; de 1 sol 5 deniers sur la maison autrefois de M. Poiron, le tout de rente annuelle échue de Noël 1754. (V. ce registre, biblioth. de Nantes, *col. Dugast-Matifeux*.)

(3) « Le vingt-deux mars mil sept cent soixante, a été inhumé, « dans le cimetière de cette paroisse, le corps de Jeanne Gourraud, « directrice de la Propagation de cette ville, décédée d'hier, âgée « d'environ soixante-et-quatorze ans; en présence de Jacques Testard « et Pierre Baudouin, avec nous soussignés. — Testard; Pierre « Baudouin; Duchasténier, curé de Montaigu. » (Reg. paroisse Saint Jean-Baptiste.)

(4) Née à Saint-Fulgent, vers 1696, elle était fille de Pierre, sieur de la Maison-Neuve, et de Anne Arenaudeau.

(5) Fille de Mathurin, marchand, et de Perrine Payraudeau, elle était déjà maîtresse d'école en 1756, puisque, le 21 novembre de cette année, elle se qualifie ainsi lors du mariage, dans l'église Saint-Jacques de Montaigu, de Perrine-Charlotte Bouffard, sa sœur, avec François Jagueneau.

1764, âgée de 68 ans (1); dès lors, et jusqu'en 1766, Marie-Thérèse Bouffard demeura « seule maîtresse de l'école de filles ». (2)

C'était pour elle une trop pénible charge, d'autant plus que, « depuis quelques années, le nombre des pentionnaires « et écollières s'augmentait journellement (3) ». Aussi, le 1er février 1766, les demoiselles Monique Girard (4) et Jeanne Martin, qui depuis trois ans « faisaient leurs épreuves », furent-elles admises comme sœurs de l'école. La première apportait en dot « la somme de cent livres, ensemble trois « paires de draps, une douzaine de serviettes, et s'oblige en « outre la ditte demoiselle Girard de mettre et aporter en la « ditte maison, à la mort de sa mère, la somme de deux « cents livres, lesquelles meubles et argent resteront en « propriétté à la ditte maison sans pouvoir être demandés « ny réclamés par ses héritiers après sa mort; est stipullé « cependant que le revenu des immeubles qui peut apar- « tenir présentement aux dittes sœurs (Girard et Martin), « et qui pouroient leur échoir dans la suite par succession, « pourra être par elles employé comme bon leur semblera, « chacune à leur égard, sans qu'elles soient obligées de le « mettre à la masse de la ditte communauté. » (5)

Jeanne Martin mourut le 14 février 1778, âgée de

(1) « Aujourd'huy, le dix-sept aoust mil sept cent soixante-quatre, « a été inhumé, au cimetière de ce lieu, le corps de damoiselle Jeanne « Gourraud, sœur de l'école de cette paroisse, décédée d'hier sous la « participation des sacrements de l'église, âgée d'environ soixante- « huit ans; en présence de messires Le Roy et Payraudeau, curés de « Saint-Jacques et de Saint-Nicolas, qui se sont avec nous soussi- « gnés. — Payraudeau, curé de Saint-Nicolas; Roy, curé de Saint- « Jacques: Goupilleau, chantre chanoine. » (Reg. de Saint-Jean-Baptiste de Montaigu.)

(2 et 3) Ce sont les expressions de l'acte de réception de Monique Girard et Jeanne Martin.

(4) Monique Girard, née le 23 décembre 1711 à La Bruffière, était fille de Sébastien, maître-tanneur, et de Marie-Anne Rineau.

(5) Acte de réception de Monique Girard et de Jeanne Martin.

42 ans (1). Deux ans avant sa mort, le 10 août 1776, la Propagation avait encore accru sa petite fortune. En effet, par acte à cette date, au rapport de Gourraud et Sorin, notaires, Marie-Thérèse Bouffard, faisant tant pour elle que pour les autres sœurs de la Communauté de la Propagation, acquit de messire Sébastien Girard, prêtre, vicaire de la paroisse de Remouillé, « la somme de six cents livres, « principal d'une rente générale, constituée et hypothé- « caire de trente livres, payable et rendable à la demeure « de la dite demoiselle Bouffard, à chacun terme et fête de « Saint-Jean-Baptiste ».

Après le décès de Jeanne Martin, la Propagation était dirigée par Marie-Thérèse Bouffard, supérieure, et par Monique Girard, auxquelles fut adjointe, comme troisième sœur, demoiselle Perrine Pottier (2); puis bientôt, le 14 mai 1781, pour suppléer la supérieure, on admit comme maîtresse de l'école, demoiselle Anne-Jeanne-Louise Denescheau des Planches (3), qui avait fait un stage de trois ans dans la communauté.

Marie-Thérèse Bouffard mourut le 14 novembre 1781, âgée de 60 ans (4); mademoiselle Denescheau des Planches

(1) « Le quinze février mil sept cent soixante dix-huit, a été « inhumé le corps de Jeanne Martin, sœur de la Propagation et de « la confrairie de la Charité, décédée d'hier, âgée de quarante-deux « ans, en présence de Pierre Le Gendre et Pierre Brisard, qui ont « déclaré ne sçavoir signer, de ce requis. — P.-J. Potel, curé de « Montaigu. » (Reg. de la paroisse Saint-Jean-Baptiste.)

(2) Fille de Pierre Pottier et de Marie Douillard.

(3) Née à Bazoges-en-Paillers, le 11 novembre 1759, elle était fille de Jean-Baptiste Denescheau des Planches, premier contrôleur à la saloige de Bazoges, et de Renée-Anne Guignard. Elle avait eu pour parrain, messire Louis-Alexandre Guignard, prêtre, vicaire de Tiffauges.

(4) « Le quinze novembre mil sept cent quatre-vingt-un, le corps de « demoiselle Marie-Thérèse Bouffard, supérieure de la Propagation « et sœur de la confrairie de Charité, décédée d'hier, âgée d'environ « soixante ans, a été inhumé en présence de Pierre Le Gendre, Pierre « Fonteneau, Pierre Brisard et autres qui ont déclaré ne sçavoir « signer. — P.-J. Potel, curé de Montaigu. » (Reg. de la paroisse Saint-Jean-Baptiste.)

décéda le 23 mai 1788, âgée de 28 ans (1), et fut remplacée, le 14 juillet suivant, par Marie Pineau (2). A la Révolution de 1789, l'école de la Propagation comptait donc trois maitresses : Perrine Pottier, supérieure (3), Monique Girard, la plus ancienne dans la maison, et Marie Pineau. Celle-ci avait fait un apport à la communauté, apport indiqué dans son acte de réception, que nous donnons ici, et qui est conçu dans les mêmes termes que celui des autres sœurs :

« Par devant les notaires de la ville du marquisat de « Montaigu soussignés, furent présents : dame Renée « Thoumazeau, supérieure de l'hôpital de cette ville, et y « demeurant paroisse de Saint-Jacques; dame Monique « Girard et Perrine Pottier, les deux dernières métresses « en l'écolle des filles de cette ville, et y demeurant paroisse « de Saint-Jean; lesquelles, considérant que demoiselle « Marie Pineau demeure depuis plus de trois ans dans « la maison de la ditte écolle, qu'elle s'y est toujours « bien comportée, et qu'elles ont d'ailleurs une parfaitte « connaissance des bonne vie et mœurs et relligion de « la ditte demoiselle Pineau, ainsy que de ses talents « pour l'éducation des jeunes filles et le gouvernement de « la maison, elles ont, par touttes ces considérations, « acquiessés aux demandes et supplications que la ditte « demoiselle Pineau leur a faitte d'être reçue métresse « dans la ditte écolle, pour vivre en societté avec les dittes

(1) « Le vingt-quatre mai mil sept cent quatre-vingt-huit, le corps « de Anne-Jeanne-Louise Denescheau des Planches, sœur de l'école « des filles de cette ville et de la confrairie de Charité, décédée « d'hier, âgée d'environ vingt-huit ans, a été inhumé en présence de « messire Charles-Dominique Poulain, curé de Saint-Nicolas, et « Hervé Barbanson, receveur des traites de cette ville, soussignés.— « Barbanson; Poulain, curé de Saint-Nicolas; P.-J. Potel, curé de « Montaigu. » (Reg. de la paroisse Saint-Jean-Baptiste.)

(2) Fille de Pierre, aubergiste, et de Jeanne Luneau, elle était née à Cugand le 2 juillet 1767. L'un de ses frères, Achille-Jean-Marie, était notaire à Saffré (Loire-Inférieure), en 1801.

(3) Perrine Pottier était bien, croyons-nous, la supérieure. Cependant, à l'acte de réception de Marie Pineau, du 14 juillet 1788, Monique Girard est nommée la première et reçoit la dot de la nouvelle maîtresse; serait-ce seulement parce qu'elle était la plus ancienne dans la maison d'école?

« dames Girard et Pottier. En conséquence, elles ont, en
« vertu de l'acte du seize novembre mil sept cent cinq,
« consenti par haut et puissant seigneur messire Gabriel-
« Antoine, marquis de Crux, et dame Françoise de Saint-
« Martin, son épouse, seigneur et dame de cette cour,
« portant établissement de la ditte écolle, reçu par Thou-
« mazeau et Badreau, notaires de cette cour, et sous le bon
« plaisir et agrément de Monseigneur - l'Illustrissime et
« Révérendissime Evêque de Luçon, de très haut et très
« puissant seigneur Monseigneur Jacques-Gabriel-Louis
« Leclerc, marquis de Juigné et de Montaigu, lieutenant-
« général des armées du Roy, gouverneur d'Arras, et de
« messire Pierre-Jean Potel, prêtre, curé de Montaigu,
« reçu et reçoivent la ditte demoiselle Pineau pour troi-
« sième sœur dans la ditte maison et écolle, pour, conjoin
« tement avec les dittes dames Girard et Pottier, enseigner
« les jeunes filles et gouverner la ditte maison comme par
« le passé, et, suivant et conformément au dit acte d'éta-
« blissement sus datté qui sera exécuté dans tous ses points,
« travailler pour le bien et avantage de la ditte maison et
« se conformer aux règlements et statuts qui s'y observent,
« sans pouvoir, au cas qu'il plût à la ditte demoiselle
« Pineau laisser la ditte écolle, emporter aucuns meubles
« et effets de la ditte maison, même en cas d'augmentation
« d'iceux, parce qu'il a été reconnu qu'ils appartiennent
« tous à la ditte écolle; en sorte qu'elle et les autres sœurs
« ne pourront en avoir que l'usage pendant qu'elles seront
« en la ditte maison, sans y prétendre aucune propriètté
« pour quelques raisons et sous quelques prétextes que ce
« soit, sans néanmoins que les dittes sœurs puissent être
« tenues des pertes et diminutions des dits meubles et effets
« qui pourront arriver par accident ou par vétusté, parce
« qu'aussy elles ne pourront s'en appliquer les profits.

« En cet endroit a comparu la ditte demoiselle Marie
« Pineau, fille mineure de feu Pierre Pineau, vivant auber-
« giste, et de Jeanne Luneau, ses père et mère, la ditte
« Luneau icy présente pour l'autoriser et icelle l'autorizant
« à l'effet des présentes, demeurant au bourg et paroisse de
« Cugand, prorogeant de juge et juridiction et se soumettant à
« la nôtre; laquelle ditte demoiselle Pineau, sous la ditte auto-
« rité, en conséquence de la nomination cy-dessus de sa
« personne pour métresse en la ditte écolle, elle a souscrit
« et acquiessé aux clauses, conditions et obligations cy-
« dessus expliqués, et a promis de les exécuter et accomplir
« de point en point sans pouvoir y contrevenir. En consé-
« quence de tout quoy la ditte demoiselle Pineau demeurera
« dès ce jour en sociétté avec les dites dames Girard et
« Pottier, pour travailler et veiller de concert et intelligences

« avec elles à l'éducation des jeunes filles et au bien et avan-
« tage de la ditte maison, sans pouvoir, comme dit est,
« prétendre aucuns droits de propriété sur les meubles et
« effets qui peuvent se trouver à présent, et qui pourront
« y être mis dans la suitte, parce qu'il est expressément
« reconnu que le tout appartiendra et restera a la ditte
« maison. Seront les dites dames entretenues et gouvernées,
« tant en santé que maladie, aux frais de la ditte école, en y
« apportant tous les gains et profits qu'elles pourront faire.

« Et, en faveur de la nomination de la ditte demoiselle
« Pineau, la ditte Jeanne Luneau, veuve Pineau, sa mère,
« a présentement payé et déllivré entre les mains de la ditte
« demoiselle Girard la somme de cent cinquante livres, et
« la dite demoiselle Pineau a, sous la dite autorité, promise
« et s'est obligée de payer à la ditte écolle, soit aux mains
« de la ditte demoiselle Girard qu'à celles qui la succéderont,
« après le décèds de la dite Jeanne Luneau, sa mère, pareille
« somme de cent cinquante livres, lesquelles sommes reste-
« ront en propriétté à la ditte maison, sans pouvoir être
« demandées ny réclamées par ses héritiers après sa mort ;
« est stipullé cependant que le revenu des immeubles qui
« peut appartenir présentement aux dites sœurs, et qui pour-
« raient leur échoir dans la suitte par succession, pourra
« estre par elles employées comme bon leur semblera, et
« sans cependant que la présente close puisse donner droit
« aux héritiers des dittes sœurs de réclamer les dittes jouis-
« sances à leur mort, lesquelles jouissances, soit que
« l'employ en soit fait ou non, demeureront acquises de
« plein droit à la ditte écolle. Car ainsy le tout a été voullu,
« consenty et accepté entre les parties, lesquelles à l'entre-
« tien ont obligé leurs biens ; dont jugés et condamnés du
« jugement et condamnation de notre dite cour à laquelle
« elles se sont soumises. Fait et passé à Montaigu, en la
« maison de la ditte écolle, cejourdhuy quatorze juillet
« mil sept cent quatre vingt huit.

« Lecture faitte aux parties, elles y ont persistées et
« signées, hors la ditte Jeanne Luneau qui a déclarée ne le
« savoir, de ce enquise et interpellée suivant l'ordonnance.

« Pineau. M. Girard. Sœur Pottier.

« P.-J. Potel, curé de Montaigu.

« Musset, notaire. Trastour, notaire pour registre.

« Controllé à Montaigu le 23 juillet 1788. Reçu 6 livres 15 sols.

« Signé : Goupilleau ». (1)

(1) Collection Dugast-Matifeux : *Minutes des notaires*, carton N° 219. (Bibliothèque de Nantes).

Avant de dire la vie tourmentée des sœurs de la Propagation pendant l'époque de la Révolution, nous devons indiquer les rentes qui leur étaient dues alors (1).

Sur le Bois-Corbeau, 200 livres; sur le parc Soubise, 150 livres; sur la maison de Goulet, serrurier, sise sur les fossés de la ville, une rente hypothécaire de 55 livres; par les héritiers de feu La Révellière l'aîné, une rente de 30 livres; par Deniau (2), sur sa maison proche les Halles, une rente de 50 livres; par Albourg, boulanger, sur sa maison proche les Halles, une rente de 15 livres; par Brachet de la Drollinière (3), en la paroisse de Chavagnes en-Paillers, une rente de 24 livres; par les teneurs du village de la Bazionière, en la paroisse des Brouzils, une rente de quatre boisseaux de seigle, mesure de Montaigu; par Déléard, de Montaigu, une rente foncière de 3 livres; sur des terres sises au village de la Marionière en St-Hilaire-de-Loulay, dont Thiéry est fermier, une rente de 3 livres; par Pierre Belliard, du village de la Gouraudière, une rente de 12 livres; au total 548 livres.

C'était une petite fortune pour l'époque.

Nous avons dû aussi nous demander quel était le degré d'instruction donné par les sœurs de la Propagation. Elles

(1) Nous avons trouvé ces désignations dans une note ayant pour titre : « *Etat du peu de rentes dues à la Communauté de l'école (de la Propagation) de Montaigu, dont on n'a point été payé depuis longtemps* ». Elle se trouve aux Archives de l'hôpital, sans indication de date, mais a dû être établie par les administrateurs de cet établissement, vers 1800, en même temps que les désignations des rentes dues à l'hôpital et restées impayées pendant la Révolution.

(2) Cette rente, constituée par acte au rapport de Thibaud, notaire à Montaigu, le 6 décembre 1791, fut remboursée, vers 1860, à l'hôpital de Montaigu, la Propagation ayant alors cessé d'exister, et l'hôpital en étant devenu propriétaire suivant l'acte de fondation du 16 novembre 1705.

(3) Cette rente, rendable, avait été reconnue par acte du 12 juin 1781 (Sorin, notaire) et par acte du 25 septembre 1782 (Musset, notaire). Le titre en fut renouvelé le 31 décembre 1812 par acte au rapport de Thibaud, notaire à Montaigu.

enseignaient les principes de la religion, la lecture, l'écriture, l'arithmétique réduite aux deux ou trois premières règles du calcul, et les travaux manuels. Marie Pineau, qui avait été lingère antérieurement, avait cette dernière occupation. Nous ne croyons pas que leur savoir leur permit de faire plus ; près d'elles, chez les Religieuses Fontevristes, l'enseignement était naturellement plus élevé. Quoi qu'il en soit, en 1789, l'établissement de la Propagation était prospère, et comptait une trentaine de pensionnaires (1) et un plus grand nombre d'externes.

Qu'allaient devenir cette école et ses maitresses, au milieu des graves événements de la Révolution et des troubles de la guerre civile ?

Astreintes à prêter le serment civique imposé à tous les employés des administrations publiques, Marie Pineau seule y consentit ; puis s'étant réfugiée à Nantes elle y reprit les fonctions de maitresse d'école, et se maria, le 5 pluviôse an XII (26 janvier 1804), à un instituteur de Nantes nommé Péan (Pierre).

Perrine Pottier et Monique Girard étaient restées à Montaigu, continuant sans doute à instruire les enfants confiées à leurs soins. Mais après la reprise de Montaigu par Canclaux (30 septembre et 1er octobre 1793), elles furent arrêtées comme insermentées et contre-révolutionnaires, conduites à Nantes, et écrouées le 31 octobre dans la maison du Bon-Pasteur, par ordre du comité révolutionnaire (2).

(1) Ces pensionnaires étaient venues de différentes localités plus ou moins éloignées. Les registres de la paroisse Saint-Jean-Baptiste nous apprennent les décès « chez les dames de l'école des filles » de Anne Rigollet, de Saint-Pierre-de-Vairé (1er juin 1710), de Marie Girard, de Treize-Septiers (12 avril 1722), de Marie Le Tenneur, de Challans (1er juillet 1740).

(2) « Le concierge des prisons du Bon-Pasteur mettra en arrestation les nommées Perrine Pottier et Monique Girard, tenant les petites écoles et non assermentées. En comité de surveillance, Nantes,

Monique Girard y mourut, le 16 avril 1794, à l'âge de 49 ans (1). Plus heureuse, Perrine Pottier obtint du même comité son transfert au Sanitat, alors dit hospice de la Réunion, pour plus tard être mise en liberté. Elle revint alors à Montaigu, où la municipalité lui confia de nouveau la mission d'instruire la jeunesse, et nous l'y trouvons, le 24 messidor an XII (13 juillet 1804), comme supérieure de la Propagation, poursuivant les teneurs du village de la Bazionière en paiement de cinq années d'arrérages de la rente acquise le 25 juin 1746 par Jeanne Allard.

A son retour à Montaigu, Perrine Pottier trouva la maison de la Propagation incendiée et tout en ruines; le jardin attenant à la maison d'école, les journaux de vigne au tènement des Essarts, et les terres de la Marionière, qui dépendaient quelques années auparavant de cette même école, avaient été séquestrés et affermés au nom de la nation. Elle dut se réfugier rue de l'Ancienne-Poste, dans la maison située entre la cour actuelle de l'école libre des garçons et la maison Naud, aujourd'hui Loiret, en face de celle qu'habitait M. Dugast-Matifeux. Les classes occupaient le premier étage où l'air et la lumière ne pénétraient qu'à peine, et pour y accéder on n'avait que l'escalier très étroit et à pente raide qui existe encore.

Le conseil municipal ne se faisait pas d'illusion sur l'im-

le 10 de la première décade du second mois de l'an IIe de la République française, une et indivisible. »

Signé : L. Naux, Bachelier, J.-B. Mainguet. (*Reg. d'écrou du Bon-Pasteur*, folio 17, recto. En marge est écrit : « Cette fille Pottier est sortie le 11 floréal l'an IIe de la République Française, par ordre du Comité, et envoyée au Sanitat. »

(1) « Monique Girard, lingère, native de la Bruflière, fille de feu Sébastien Girard et de Marie-Anne Rineau, décéda le 27 de ce mois à la maison d'arrêt, dite du Bon-Pasteur, de Nantes, où elle était détenue, âgée de 47 ans ». *Registre d'état civil des sections de la Halle et Jean-Jacques, an II*, à la date du 29 germinal.

Monique Girard étant née, comme nous l'avons dit (p. 15, note 4), le 23 décembre 1744, avait, le 27 germinal an II (16 avril 1794), un peu peu plus de 49 ans.

possibilité de continuer à laisser l'école dans un local aussi défectueux. Mais les maisons étaient rares et les ressources budgétaires presque nulles. Une somme de 2,000 francs fut cependant votée, le 14 mars 1810, pour la reconstruction de la Propagation. C'était le rêve de Perrine Pottier qui, chaque soir, venait errer près des murs ruinés, pleurant les jours heureux qu'elle y avait vécue. Elle l'eût même vu se réaliser, si le transfert prochain de la sous-préfecture de Montaigu au chef-lieu du département (1) n'avait fait prévoir, pour le commerce local, des pertes que l'on avait le devoir de chercher à amoindrir. L'annexion d'un pensionnat à l'école des filles parut l'une des meilleures mesures à prendre, et, dès lors, l'acquisition et l'occupation immédiate de la maison de M. Gourraud du Butais (2) devenaient d'autant plus préférables à la reconstruction projetée, qu'une somme de 80 francs semblait suffisante pour les appropriations indispensables (3).

(1) Ce transfert eut lieu conformément au décret du 11 juin 1810, mais ne s'effectua que l'année suivante.

(2) Actuellement la maison de M. Gaillard, maire de Montaigu ; précédemment Bellouard de Jémonville, puis Musset.

(3) « Le Conseil municipal, considérant.....

« 2o Que la ville de Montaigu allant éprouver les pertes les plus sensibles par suitte de la translation des autorités dans le chef-lieu du département, il falloit chercher à les adoucir par la création d'établissements dont le succès seroit en harmonie avec les localités et comme déjà attesté par l'expérience ; que l'on pouvoit envisager sous cet aspect favorable la formation d'une maison d'éducation pour les filles, celle qui existe déjà pour les hommes (pensionnat Alllery) ayant surpassé les espérances qu'on avoit conçues ; que le premier de ces établissements, d'ailleurs, n'a besoin que d'être amélioré, de recevoir une assiette fixe et convenable, puisqu'il est déjà dirigé par une sœur (Perrine Pottier) de celui qui existoit anciennement, et qui a été détruit par la guerre civile ; que, *malgré le zèle et la capacité bien connue de cette estimable maitresse, l'établissement n'atteignoit pas le degré de prospérité dont il est susceptible, parce que le local où il est placé ne réunissoit aucune des commodités nécessaires pour un pensionnat et rebutoit toutes les personnes qui auroient voulu se devouer aux soins de l'éducation ;*

« Que ces inconvénients disparoitroient tous si la commune faisoit l'acquisition d'une maison propre à cette destination ; que la sœur

L'âge avancé de Perrine Pottier ne permettait pas de lui confier, avec la direction de l'école, celle d'un pensionnat. Le conseil municipal lui accorda néanmoins une subvention pendant tout le temps qu'elle tiendrait école, et résolut de demander à la maison-mère des Religieuses de Chavagnes des sœurs pour la remplacer. Toutefois, les démarches ne purent alors aboutir, parce que, à juste titre, on ne voulait pas abandonner sans dédommagement la méritante Perrine Pottier (1). D'autre part, l'ouverture de la route de Bourbon-

qui tient maintenant l'école trouveroit aussitôt des auxiliaires vertueuses et instruites et recevroit des pensionnaires; que la commune peut entreprendre cet achat, ayant quelques fonds en réserve, et, qu'en obtenant quelques facilités pour les paiements, les bonifications annuelles termineroient à libération, surtout en y ajoutant le prix des matériaux et des terres de jardin de l'ancienne maison, pour la vente desquels on se feroit autoriser;

« Le Maire a fait part au Conseil des propositions dans lesquelles il étoit entré avec le sieur Gourraud Dubuttay, demeurant commune de Saint-Denys, pour l'acquisition de sa maison qui réunissoit, pour la destination sus ditte, les commodités et les convenances essentielles; que le vendeur accorderoit des termes assez longs et au moyen des quels la commune satisferoit à ses obligations sans aucun embarras;

« Le Maire a déposé sur le bureau le décret du 17 mai 1809, l'instruction ministérielle y relative... et la soumission du sieur Gourraud Dubuttay de vendre sa maison pour le prix de 5.000 francs, dont moitié payable au comptant, l'autre, sans intérêt, dans deux ans à compter du jour de cette soumission, qui est sous la datte du 8 du courant.

« Le Conseil municipal, ayant délibéré, est d'avis : que l'acquisition proposée est avantageuse à la commune, et que le prix stipulé est loin d'être supérieur à la valeur vénale de l'objet; que la maison réunit les convenances désirables pour un pensionnat de filles... »

(Délibération du 29 mars 1811. - Auvignet fils aîné était alors maire).

(1) « Le Conseil municipal alloue une somme de 300 francs aux sœurs qui doivent tenir cette maison d'éducation, pour subvenir aux frais de premier établissement.

« Pour ce qui est du choix des sœurs pour tenir cette maison d'éducation, le Conseil opine pour qu'elles soient prises parmi les religieuses dont la maison-mère est à Chavagnes; la Supérieure de cette communauté a bien voulu adresser au maire un programme dont lecture a été faite, et qui a été agréé par le Conseil; ce choix seroit néanmoins subordonné au cas où les conditions à faire avec la

Vendée à Montaigu devant faire disparaître le jardin et une partie des dépendances de la maison Gourraud du Butais, on dut abandonner le sage projet de son acquisition (20 septembre 1811).

Perrine Pottier, qui s'était adjointe une demoiselle Rousseau (Louise-Modeste) (1), depuis au moins l'année 1808 (2), continua à faire l'école dans le même local. C'est là qu'elle mourut le 30 janvier 1815, âgée de soixante-sept ans.

Ses élèves, écrit Dugast-Matifeux, avaient pour elle un affectueux attachement qui a perpétué longtemps son pieux souvenir (3).

ditte dame supérieure ne seroient pas inconciliables avec l'intérêt de la commune et surtout des principes d'économie.

« Le Conseil, plein d'une juste reconnaissance pour les services rendus par la sœur Pottier, qui dirige maintenant l'établissement, et qui s'est toujours fait remarquer par son zèle et son dévouement dans l'ancienne maison, regrette vivement que la ditte dame supérieure ne puisse lui accorder aucune coopération avec les religieuses pour le pensionnat et la tenue de l'institution, mais il veut au moins que l'on appose une condition expresse, celle de nourrir, soigner et entretenir la ditte sœur Pottier dans le nouvel établissement, et de l'y traiter avec tous les égards qui lui sont dûs. »

(Délibération du 1 mai 1811.)

(1) Née en la paroisse de Saint-Jean-Baptiste-de-Montaigu, le 18 février 1742, elle était fille de Mathurin Rousseau et de Renée Guicheteau.

(2) En 1808, elles avaient demandé qu'on leur reconnût la propriété des terres sises au tènement des Essarts, comme étant aux droits des anciennes sœurs de la Propagation. On la leur refusa, prétextant que l'Assemblée Nationale avait aboli les corporations religieuses. Or, ce n'en était pas une. De plus, le 12 décembre de cette même année, on leur reconnaissait bien le droit, en qualité de dames propagandes, d'obliger les teneurs de la Drollinière, en Chavagnes-en-Paillers, à leur consentir un nouveau titre de la rente dont nous avons déjà parlé.

(3) La grande punition de l'école était de placer les petites filles en face d'une vieille statue de pierre, d'un travail rudimentaire, et que le temps avait rendu plus informe. Elle ne pouvait leur causer que des terreurs aussi vaines que peu justifiées. Cette sorte de Croquemitaine existait encore il y a quelques années.

Après le décès de Perrine Pottier, l'école de la Propagation fut dirigée par les Religieuses de la communauté de Chavagnes-en-Paillers.

Cette communauté, en effet, dont les propositions n'avaient pas été acceptées en 1811, vint cependant fonder à Montaigu une école libre de filles (21 juillet 1814). Les Religieuses s'étaient installées dans la maison Auvynet, aujourd'hui Barthélémy, que l'abbé Musset (1) avait achetée pour elles, encouragées aussi par la promesse d'un secours que le conseil municipal leur avait faite dans les derniers mois de l'année précédente.

L'école de la Propagation n'allait pas tarder à perdre sa principale et vieille maîtresse, et, préférées à Mlle Rousseau qui avait pourtant plus de titres à cette faveur, elles obtinrent du préfet, M. de Roussy, « la jouissance des jardins et rentes qui dépendaient de l'ancienne Propagation, à la charge de se conformer aux conditions de la donation de Crux ». (Arrêté du 15 juillet 1816.) Elles devaient toutefois renoncer à la revendication de l'allocation annuelle de 300 francs, consentie par la commune, qu'elles disaient n'avoir pas encore touchée (*Idem.*) (2).

La première supérieure de la nouvelle Propagation fut la mère Sainte-Madeleine, et la seconde et dernière la mère Saint-Augustin. Celle-ci, née Adèle de la Roche-Saint-André (3), mourut à Montaigu, le 26 janvier 1817, âgée de 33 ans ; peu après, le 18 février, la maison était dissoute, et bientôt l'immeuble changeait de propriétaire.

(1) Musset (Jacques-Michel-René), né à Vieillevigne le 21 novembre 1781, fils de Jacques-René, qui fut juge de paix à Montaigu, et de Marie-Agnès Bossis, épousa à Montaigu, le 21 nivôse an XI (11 janvier 1803), Marie-Elisabeth Payraudeau, née à Montaigu le 1er juillet 1783, et fille d'Augustin-Antoine et de Marie-Thérèse Réchin.

Il se fit prêtre après le décès de sa femme, morte à Montaigu le 12 décembre 1808, âgée de 21 ans.

(2) *Bibliothèque de Nantes, collection Dugast-Matifeux*, carton 232-69.

(3) Née à Luçon, elle était fille d'Augustin-Joseph de la Roche-Saint-André et de Ursule-Suzanne-Véronique de Régnon.

Qu'allait devenir l'école de la Propagation ?

Mlle Victorine-Jeanne Ravilly, née à Nantes, qui, depuis l'année 1815, dirigeait avec Mme Aillery et Mlle Bonne Palierne (1) une école libre de filles (2) à Montaigu, demanda au préfet, M. Rogniat, de succéder comme institutrice propagande aux Religieuses de Chavagnes. Sa lettre éclaire bien les événements de cette époque, au point de vue du moins qui nous occupe :

« Montaigu, le 27 février 1819.

« En vertu d'une fondation de l'ancien seigneur de « Montaigu, il était alloué à l'institution de la Propagation « de cette ville un logement et certaines rentes, à charge « d'instruire plusieurs petites filles pauvres. La dernière « sœur de cet ordre est morte il y a quatre ans (3), et, par « une décision d'un de vos prédécesseurs (4), trois sœurs « de Chavagnes furent mises dans les droits de la Propa- « gation. Ces Religieuses n'existent plus depuis deux ans, « et ces rentes n'ont pas été payées.

« Je suis vouée à l'enseignement de jeunes filles et je « l'exerce ici depuis quatre ans. J'ai toujours eu cinq ou six « petites filles gratis ; je n'ai jamais reçu aucune rétribution « de la ville, mais j'avais le plaisir de me rendre utile, et « j'étais encouragée et surveillée dans mon travail par « M. et Mme Aillery, maîtres de pension ici, mes bienfai- « teurs.

« J'ose me flatter, Monsieur le Préfet, d'avoir toujours « mérité la bienveillance et la confiance des pères et mères,

(1) Mlle Bonne Palierne mourut à Montaigu le 23 janvier 1861, âgée de 60 ans. Elle était alliée à la famille du baron Alquier, et fut inhumée à la Flocellière.

(2) Nous parlerons de cette école p. 40. Mlle Ravilly n'était connue, alors et depuis qu'elle était institutrice à Montaigu, que sous le nom d'Aillery, qui était celui du maître de l'école des garçons chez lequel elle demeurait. C'est ce qui explique le langage du Maire de Montaigu, dans sa réponse au Préfet (V. p. 28, note 2). En réalité, c'était une fille d'adoption de M. et Mme Aillery. Elle est ainsi désignée par M. l'abbé Aillery, dans sa notice généalogique de la famille Aillery.

(3) Perrine Pottier.

(4) M. le comte de Waters.

« puisque ma classe s'est toujours composée de 30 à 40 élèves;
« et que j'en compte maintenant 32. J'ose donc, Monsieur
« le Préfet, m'adresser à vous pour vous prier de vouloir
« bien m'attribuer les rentes et autres avantages de l'an-
« cienne Propagation, puisqu'elles sont sans maîtres, et que
« je remplis le but que s'était promis le fondateur (1). »

Le maire de Montaigu, François-Marie Musset, émit un avis défavorable (2). Il préférait les demoiselles de Lafargue (Rose-Elisabeth-Amélie et Ursule-Rosalie-Victoire) (3), qui faisaient valoir au préfet (12 mars 1819) que « depuis plusieurs années elles se sont dévouées, comme institutrices, à l'enseignement aux jeunes demoiselles de la lecture, de l'écriture, de l'arithmétique et des ouvrages conformes à leur âge et à leur sexe, enfin de tout ce qui comprend leur première éducation » ; que « la sœur Pottier, quelque temps avant sa mort, leur avait témoigné le désir de les réunir avec elle afin de relever son intéressant établissement et de partager ses utiles travaux (4) ».

(1) *Bibliothèque de Nantes, collection Dugast-Matifeux*, carton 232-69.

(2) On lit en marge de la lettre de M^lle^ Ravilly : « Le Maire de Montaigu, vu le renvoi à lui fait par M. le Préfet de l'exposé ci-contre, observe que la pétitionnaire ne lui est pas connue sous le nom de Ravilly ; que, si cette jeune personne est la même que celle connue jusqu'ici sous le nom d'Aillery, elle est beaucoup trop jeune pour être institutrice d'une maison d'éducation telle que l'ancienne Propagation, dont elle ne peut remplir les obligations prescrites par les fondateurs de cet établissement ; que cette personne, à peine âgée de 16 à 17 ans, n'a ni ne peut avoir l'expérience et les talents nécessaires pour diriger l'éducation de jeunes filles ; que les fondateurs de cette maison ne lui ont attribué quelques revenus que pour qu'elle fût tenue par quelqu'un de mûr, qui pût, par sa conduite, offrir une garantie suffisante qu'elle a constamment professé des principes d'une pure morale ; est d'avis, d'après ces considérations, qu'il ne soit pas fait droit à sa demande ». *Bibliothèque de Nantes*, id.

(3) Filles de Jean-Augustin De Lafargue, contrôleur et receveur général des domaines du Roy du département de Montaigu, y résidant, et de Catherine Coffre-Dupré ; elles étaient nées à Montaigu : la première, le 10 juin 1766 ; la seconde, le 12 mai 1775. L'aînée avait été élevée au Couvent des Pénitentes de Nantes.

(4) *Bibliothèque de Nantes*, id.

Le préfet nomma les demoiselles de Lafargue (3 avril 1819) (1), et, malgré la majorité du conseil municipal (2), confirma sa décision le 24 mai suivant, sans rien faire en faveur de Mlle Ravilly.

Celle-ci sollicita alors l'autorisation d'exercer comme institutrice libre, comme nous le verrons plus loin.

Les demoiselles de Lafargue s'installèrent d'abord dans la maison Chaigneau, sur la place du marché ; puis, en 1827, elles allèrent occuper le local qui devint ensuite, à partir du 1er octobre 1838 et jusqu'en mai 1899, l'école communale des garçons. En leur faveur, le conseil municipal augmenta d'une somme égale l'indemnité de cent francs allouée pour leur logement à celles qui les avaient précédées, et, le

(1) Le Maire de Montaigu, en appuyant la demande des demoiselles de la Fargue, dit que des onze rentes que possédait autrefois la Propagation et produisant ensemble 220 livres, il n'en restait que trois, produisant 80 livres, plus une rente de quatre boisseaux de seigle.

Il ajoute : « Les pétitionnaires méritent d'autant plus être établies directrices de cette maison d'éducation que, depuis leur bas-âge, elles se sont livrées à l'instruction des jeunes filles, de telle sorte que leurs travaux ont été généralement couronnés des plus grands succès, et qu'étant natives et anciennement domiciliées de Montaigu, elles ont constamment conservé l'estime publique que leur a mérité une conduite digne d'éloges, et ont, à ce titre, aux termes de la concession, des droits exclusifs à *toute étrangère* ». (29 mars 1819). — *Bibliothèque de Nantes*, id.

(2) « Le Conseil délibère pour le choix de l'institutrice de l'école des filles. Après avoir pris lecture de l'acte du 16 novembre 1705, qui confirme l'acte du 10 octobre 1702, par lesquels les marquis et marquise de Crux ont concédé une maison avec cour et jardin, située ville de Montaigu, pour l'établissement d'une école de filles dans la commune de Montaigu ; sur 9 Membres, 4 sont d'avis de nommer les demoiselles de Lafargue institutrices propagandes, la demoiselle Ravilly, mineure, et *sans état reconnu*, ne pouvant remplir cette fonction ; 5 sont d'avis de nommer Mlle Ravilly, qui, depuis deux ans, est maîtresse d'école et demeure toujours chez M. Aillery, instituteur au collège de Montaigu. Si le Préfet la trouve trop jeune, qu'on l'associe aux demoiselles de Lafargue, qui sont plus âgées, et dont l'une sera la supérieure ». (Délibération du 20 avril 1819).

8 mai 1825 (1), pour se faciliter l'acquisition, depuis longtemps urgente, d'une maison d'école, il décida la vente des propriétés de la Propagation : la commission administrative y consentit elle-même « sous l'expresse réserve de tous les droits de l'hospice sur le capital qui en pourrait provenir (2) ». (9 avril 1826.)

(1) « Plusieurs propriétés affectées autrefois à l'ancienne communauté dite la Propagation et dont jouissent aujourd'hui les demoiselles Lafargue, consistent :

« 1° Dans les ruines de l'ancienne maison de la dite communauté;

« 2° Dans un jardin y attenant, susceptible d'être loué quinze francs;

« 3° Dans deux planches de terre situées dans l'ouche du Fromenteau, affermées six francs au sieur Tendron;

« 4° Dans un jardin à Saint-Jacques, affermé neuf francs au sieur Burdiat;

« 5° En plusieurs carrés de jardin situés au faubourg Saint-Jacques dans l'ouche du Prieuré, et affermés cinq francs tant au sieur Legris qu'au sieur Baubry, les dits carrés séparés les uns des autres par des propriétés particulières.

« Le conseil municipal estime qu'il aurait plus d'avantage à vendre le tout, pouvant fournir 2,000 à 2,500 francs, dont le capital servirait plus tard à l'acquisition d'une maison pour les institutrices, auxquelles il donne 200 francs d'indemnité de logement. »

(Adopté). (Délib. du 8 mai 1825).

(2) « M. le maire, président, a mis sous les yeux de la commission administrative de l'hospice de Montaigu une lettre à lui adressée, le 10 mars dernier, par M. le Préfet, et qui a pour objet de consulter la commission, et d'avoir son avis sur le projet de vente des domaines dépendants de l'ancienne communauté de Montaigu.

« La commission vu : 1° la délibération du conseil municipal du 8 mai dernier; 2° le titre du 16 novembre 1705 portant concession en faveur de l'hôpital des dits domaines de la Propagation; 3° le consentement des demoiselles de Lafargue, institutrices propagandes, à la vente projetée d'iceux;

« Considérant :

« 1° La modicité des revenus de ces domaines, qui ne s'élèvent qu'à la somme de trente-cinq francs;

« 2° Qu'il serait possible d'en tirer un meilleur parti en les aliénant, la terre des jardins pouvant être recherchée par les cultivateurs pour servir d'engrais;

« 3° Que d'après les données qu'a la commission à cet égard, elle juge que la vente de ces objets pourrait rapporter un capital de

Déjà autorisée par le Préfet, le 29 mai précédent, la vente fut effectuée le 23 juin 1827 (1). Il était bien entendu, toutefois, que les demoiselles de Lafargue conserveraient la jouissance du revenu représenté par le prix de la vente des domaines aliénés, ce qui fut au reste ponctuellement observé.

Les demoiselles de Lafargue étaient déjà institutrices depuis quelques années à la Mothe-Achard, quand elles furent nommées à Montaigu, dont elles furent les institutrices propagandes de 1819 à 1836. Elles donnèrent longtemps toute satisfaction aux habitants, et leur éducation première assez soignée leur permit de former de bonnes élèves.

Voici ce qu'écrivait à leur sujet, en 1833, au préfet de la Vendée, le maire de Montaigu, Philippe-Omer Goupilleau : « Les demoiselles Lafargue, sur lesquelles vous me deman-

2,000 à 2,500 francs, dont le placement au trésor royal ne pourrait tourner qu'à l'avantage des institutrices et de l'hôpital;

Est d'avis de consentir à la vente proposée des domaines de l'ancienne communauté de Montaigu; mais la commission administrative prévoyant le cas où, à la mort des institutrices actuelles, l'on fût dans la possibilité de remplir les vœux des fondateurs exprimés dans l'acte du 16 novembre 1705, en faisant instruire par les sœurs hospitalières les neuf petites filles qui sont mentionnées dans cet acte, déclare ne consentir à la dite vente que sous l'expresse réserve de tous les droits de l'hospice sur le capital qui en pourra provenir. Signé : Douillard, Musset, F. Musset, P. Thieriot, Trastour, maire. »

(Délibération du 9 avril 1826).

(1) La vente du 23 juin 1827 ne produisit que 1775 francs.

1° 6 cantons de terre en carrés, dans l'ouche du Prieuré, adjugés à M. Charles Evelin pour . . . . . . . . 215 francs.

2° Un jardin à Saint-Jacques, adjugé à M. Charles Evelin pour . . . . . . . . . . . . . . . . . . 530 —

3° Une planche de terre dans l'ouche du Fromenteau, adjugée à M. François-Charles Baron . . . . . . 90 —

4° Une planche de terre dans l'ouche du Fromenteau, adjugée à M. Armand Trastour, docteur-médecin 90 —

5° Un canton de terre (environ 50 ares 75), adjugé à M. Joseph Rochefort . . . . . . . . . . . . . . 440 —

6° Ancien bâtiment, masure et jardin clos de mur, adjugés à Marie-Monique Payraudeau, veuve de J.-B.-Olivier Fayau . . . . . . . . . . . . . . 410 —

dez des renseignements par votre lettre *confidentielle* du 14 août dernier, sont originaires de cette ville, où elles tiennent une pension de jeunes filles. Elles n'ont aucun patrimoine, et vivent très près de l'indigence. Leur opinion politique est connue de tout le monde : légitimiste, mais sans influence, et ne pouvant faire aucun mal. Leur sort est plutôt digne de pitié que de répression. Ce sont de ces pauvres vieilles dévotes comme on en voit partout. Ce n'est pas la peine de s'en occuper; elles ne peuvent inspirer d'inquiétudes sérieuses. »

Le grand âge des demoiselles de Lafargue rendait nulle leur influence, mais surtout les mettait dans l'impossibilité de remplir leurs devoirs d'institutrices; aussi, les parents se plaignaient-ils légitimement de l'insuffisance des progrès de leurs enfants.

Le Conseil municipal se voyait donc, à regret, dans l'obligation de retirer à ces vieilles maîtresses la direction de l'école. Le petit nombre des élèves (1) lui faisait leur enlever l'indemnité de logement, réduite déjà à la somme de cent francs, et il priait M. Trastour, l'un de ses membres, de s'informer à quelles conditions la Supérieure des Bénédictines de Chavagnes consentirait à envoyer à Montaigu deux ou trois institutrices de son ordre (22 mai 1835).

Ainsi que cela s'était produit déjà en 1811, la Supérieure de cette communauté formula des prétentions qui furent jugées trop onéreuses pour la commune, et le conseil chargea le maire (P.-O. Goupilleau) « de faire les démarches nécessaires pour procurer deux institutrices capables, le plus tôt possible », auxquelles il assurait « une somme de 250 francs pour indemnité de logement, et une somme de 200 francs pour l'instruction gratuite des petites filles indigentes » (28 mai 1835).

(1) Un document du 17 janvier 1833, signé des demoiselles de Lafargue, nous apprend qu'elles instruisaient seulement 10 enfants, dont 10 leur payaient un franc par mois. *(Biblioth. de Nantes, col. Dugast-Matifeux*, carton 232-69)

On ne trouva pas les institutrices désirées (1). D'un autre côté, le comité d'instruction primaire s'opposait à l'adjonction d'une sous-maîtresse aux demoiselles de Lafargue, tout en étant d'avis de leur laisser, leur vie durant, le titre d'institutrices de l'ancienne communauté de la Propagation et aussi la jouissance des revenus qui y étaient actuellement attachés, si elles consentaient à accepter la charge d'instruire gratuitement, comme par le passé, neuf petites filles pauvres de la commune (13 août 1835) (2).

Une solution imprévue mit fin à ces difficultés. M. Trastour fit connaître, en effet, à ses collègues du Conseil municipal, que s'ils voulaient agréer des Religieuses de Chavagnes comme institutrices, et leur consentir une indemnité à déterminer pour l'instruction gratuite des filles pauvres,

(1) Une demoiselle Cécile Garreau, institutrice à Pornic, écrivait à Mme Mélanie Demolière, femme de P.-O. Goupilleau, que ses engagements à Pornic l'empêchaient, à son grand regret, de venir à Montaigu. *(Biblioth. de Nantes, col. Dugast-Matifeux,* carton 231-101).

(2) Le comité d'instruction primaire de l'arrondissement de Montaigu, après avoir rejeté par 6 voix contre 3 (celles de MM. Trastour, président ; Brethomeau, secrétaire ; Aillery, instituteur), l'adjonction aux demoiselles de Lafargue « devenues par leur grand âge incapables d'être maintenues comme institutrices communales, d'une personne capable de les aider et de diriger l'école....

« Toutefois, le comité ayant égard aux longs services rendus par les demoiselles de Lafargue, émet le vœu qu'on leur laisse, leur vie durant, le titre d'institutrices de l'ancienne communauté, dite la Propagation de Montaigu, avec la jouissance, leur vie durant, des revenus qui y sont ou qui y étaient attachés, à la charge par elles d'instruire gratuitement, comme par le passé, neuf petites filles pauvres de la commune, et de se conformer par là aux intentions charitables de M. et de Mme de Crux, fondateurs de la dite Communauté, le Comité étant persuadé d'ailleurs que ces demoiselles ont des droits acquis à la jouissance de ces revenus ».

Signé : P.-O. Goupilleau ; Samuel Goupilleau ; Auguste Aillery ; Sidoli, curé ; F. Mercier, docteur-médecin ; Bégaud, juge de paix ; P.-M. Gourraud, docteur-médecin ; Trastour, président ; Brethomeau, secrétaire. *(Délibération du 13 août 1835).*

M. l'abbé Allain (1) était tout disposé à procurer à ces Religieuses un local vaste et bien situé.

Cette proposition, d'autant plus avantageuse que la commune ne possédait pas de maison d'école, fut acceptée avec empressement (2 novembre 1835), et bientôt, d'accord avec la communauté de Chavagnes et l'évêque de Luçon, on s'engageait à donner aux Religieuses, et chaque année, une somme de 450 francs « tant pour indemnité de logement que pour l'éducation de douze petites filles pauvres au moins » (13 février 1836).

La communauté de Chavagnes ouvrit son établissement le 1er mai 1836. L'école de la Propagation avait vécu ! (2)

## 3° École et Pensionnat des Religieuses de Chavagnes

La fondation du 1er mai 1836, devait durer jusqu'en 1903 (3).

Les Supérieures furent successivement :

1° 1836. La mère Saint-Augustin.

2° 1837. La mère Saint-Bernard, née Marie-Luce-Elisabeth Monsnereau (4), qui mourut à Montaigu le 1er juillet 1850, âgée de 49 ans. Ayant confié la direction de l'école

(1) Jean-Baptiste Allain, curé de Saint-Hilaire-de-Loulay à partir du 4 novembre 1810, se retira au même lieu en 1831, et y mourut le 8 mai 1853, âgé de 69 ans. Le local qu'il avait vendu, en 1836, à la communauté de Chavagnes, est celui que les Religieuses occupèrent jusqu'en août 1903.

(2) Rose-Elisabeth-Amélie de Laforgue, mourut à Montaigu le 28 avril 1840, âgée de 73 ans ; sa sœur, Ursule-Rosalie-Victoire, y mourut aussi le 27 novembre 1851, âgée de 76 ans. Elles avaient toujours joui du revenu des biens de la Propagation.

(3) Nous dirons plus loin que l'école communale tenue depuis 1836 par les Religieuses de Chavagnes, fut laïcisée le 14 février 1887, mais leur pensionnat et leur école externe ne furent fermés qu'en 1903.

(4) Née à Réau (Charente-Inférieure), fille de Jean-Jacques et de Luce Flornoy.

communale à la mère Saint-Jules, née Bouyer, elle crut pouvoir, sans y avoir été autorisée, adjoindre un pensionnat à l'école. Le conseil d'instruction primaire pour le canton de Montaigu en informa le préfet (24 décembre 1838), puis accueillit par un avis très favorable la demande en autorisation formulée par la Supérieure (22 février 1840) ; peu de jours après le pensionnat était régulièrement institué.

L'école communale, que l'on appelait la classe pauvre, eut alors pour maîtresse la mère Sainte-Angélique de la Croix, que le même comité proposait (19 août 1840) pour une mention honorable.

3° 1850, 14 octobre. La mère Sainte-Rosalie.

4° 1857, octobre. La mère Saint-Eusèbe, née Céline Mazières, qui décéda à Montaigu le 14 octobre 1867, âgée de 46 ans. Cette Supérieure entra en possession du legs de Madame Anne-Joséphine Martineau (1) : « Je donne et lègue à l'établissement des dames Ursulines de Jésus existant à Montaigu, une rente annuelle et perpétuelle de trois cents francs pour être employée au soulagement des petites filles pauvres qui fréquentent leur école. La Supérieure de cet établissement utilisera cette somme selon qu'elle jugera convenable, sans avoir de compte à rendre à qui que ce soit (2) ».

Vers l'année 1861, furent construits les vastes bâtiments qui forment l'aile ouest de l'établissement.

5° 1867, 26 octobre. La mère Marie Pudentienne, née

(1) Madame Martineau (Anne-Joséphine), née à Fontenay-le-Comte, fille de Venant-Grégoire et de Radégonde Laurence, et veuve de M. Pierre Thériot, mourut à Montaigu le 17 octobre 18[illegible] âgée de 80 ans. Son testament, reçu par Mᵉ Brethomeau, notaire, est du 10 octobre 1857.

(2) Cette rente, créée au capital de 6,000 francs, fut servie aux Religieuses tant qu'elles furent institutrices communales, c'est-à-dire jusqu'à la laïcisation du 14 février 1887. Depuis lors, la rente, qui est de 213 francs, s'accumule chaque année à la Caisse des Dépôts et Consignations, au grand préjudice de celles en faveur desquelles elle a été créée.

Marie-Zoë Coutant. Acceptée comme institutrice communale par le conseil municipal, le 17 décembre 1867, elle se démit ensuite de ces fonctions, et y fut remplacée par la mère Saint-Anselme, le 4 septembre 1869. Cette dernière, née Euphrasie Bled, avait été antérieurement directrice de l'école d'Ancenis.

La Supérieure Marie Pudentienne, vers 1872, fit bâtir le cloître qui réunit l'aile ouest à la chapelle. Notons aussi que la communauté de Chavagnes fit, le 24 décembre 1869, l'acquisition de la maison Burdiat, au Pont-Jarlet, maison où était né son fondateur, Louis-Marie Baudouin (1).

La mère Marie Pudentienne, devenue trop âgée pour continuer à s'occuper du pensionnat, alla prendre sa retraite à la maison du Sacré-Cœur de Chavagnes, où elle mourut le 5 octobre 1898, âgée d'environ 74 ans.

6° 1897, 3 septembre. La mère Monique de la Croix. Elle partit de Montaigu pour aller diriger la maison de Châteaubriant.

7° 1899, 10 août. Mère Joseph de la Croix.

8° 1900, octobre. La mère Pierre-Marie.

Ce fut la dernière supérieure du pensionnat congréganiste de Montaigu.

Les Religieuses de Chavagnes occupèrent le local acheté de M. [illegible], jusqu'à la dissolution de leur maison. L'école pauvre, comme on la nommait, se tenait dans un bâtiment de la cour d'entrée, à l'endroit même où fut édifiée plus tard une statue de la Vierge. Mais l'acquisition d'un terrain, séparé de l'enclos de la communauté par la rue des Essarts, et vendu le 22 novembre 1871 par M. Julien Guillaumé, permit d'y établir la classe pauvre, et de construire, y attenant, le logement de l'aumônier. La classe pauvre y fut faite jusqu'au mois de février 1903. La mère Aldégonde-Marie (2),

(1) Il était né le 2 août 1765.

(2) Née à Champtoceaux (Maine-et-Loire), le 30 mai 1851, fille de Louis Monnier et de Anne Bordereau

qui en était la directrice, étant morte le 22 février de cette même année, on prévint les difficultés qu'aurait pu soulever la nomination d'une nouvelle titulaire, en ramenant la classe pauvre dans l'enclos du pensionnat.

Pour se conformer à la loi votée sous le ministère Waldeck-Rousseau et mise en application sous le ministère Combes, les Religieuses formulèrent une demande en autorisation pour leur établissement de Montaigu, qui comprenait un pensionnat (1) avec externat payant, et une école gratuite pour les indigentes (2). Mais la maison-mère de Chavagnes fut avisée du rejet de cette demande, et invitée à fermer la maison de Montaigu pour le 1er août 1903.

Les prix du pensionnat et de l'externat furent donnés le 23 juillet, et comme l'usage, depuis longtemps établi, était de fixer la distribution des prix de la classe pauvre vers le milieu du mois d'août, les Religieuses obtinrent facilement la permission de rester à Montaigu jusqu'à cette époque.

La distribution des prix aux élèves de la classe pauvre eut lieu le dimanche 16 août. Le lendemain, à 2 heures et demie, les Religieuses abandonnèrent leur établissement, pour se rendre à la maison-mère de Chavagnes dans des voitures mises à leur disposition par leurs fournisseurs : quelques-unes avaient pris le tramway du matin.

Ce départ, qui leur faisait verser des larmes bien naturelles, passa presque inaperçu. Pour éviter toute manifestation, même sympathique, elles s'étaient rendues près de la Caillauderie, par les rues peu fréquentées qui y conduisent : c'est là qu'elles montèrent en voitures après avoir reçu des gerbes de fleurs, et entourées seulement par une cinquantaine de femmes qui criaient assez timidement : « Vivent les Sœurs ! » Et pourtant, pendant soixant sept ans,

(1) Ce pensionnat put réunir, vers 1860, une quarantaine d'internes. Ce nombre ne fut jamais dépassé.

(2) La laïcisation de l'école des filles, le 11 février 1887, amena une quarantaine d'élèves à l'école laïque.

elles avaient été les seules institutrices des enfants du peuple (1) !

La mère Pierre-Marie restait seule dans la maison dont elle avait été la dernière supérieure. Elle en partait elle-même, deux jours après, le 19 août, quelques minutes avant l'arrivée de la nouvelle directrice, Mlle Adélaïde Dupouet, qui venait y fonder un pensionnat et une école libre dont nous parlerons plus loin.

## 4° Ecole publique de Filles

Le conseil municipal de Montaigu, mis en demeure par le préfet, le 5 décembre 1886, de construire une école pour les filles, qui n'eut été que l'annexe d'une école primaire supérieure, s'y refusa, parce que, disait-il, leur instruction était assurée dans l'école communale dirigée par les Religieuses de Chavagnes (17 janvier et 12 février 1886). Mais l'administration préfectorale ayant fait remarquer, et à plusieurs reprises, que la loi l'obligeait à posséder un local d'école lui appartenant, il se décida à approprier la maison d'école des garçons, insuffisante pour eux et délabrée, en une école de filles, et à construire une école pour les garçons dans le terrain donné à la ville par M. Dugast-Matifeux (29 décembre 1886) (2).

La population de Montaigu estimant que l'école des garçons, ainsi placée, serait trop éloignée, et, de plus, la laïcisation de l'école communale congréganiste (14 février

(1) Le 6 novembre 1900, mourut à Montaigu, âgée de 75 ans, la mère Mélitine (Marie Martin), qui, pendant plus de quarante ans, avait fait la classe pauvre. Née à Noirmoutier, elle était fille de André Martin et de Marie Chaareau.

(2) La condition *sine qua non* de la donation était que l'école fut laïque et non congréganiste. Le terrain donné était formé du grand champ des Essarts et du pré de la Sablère, et d'une contenance de 5 à 6 hectares.

1887) venant obliger à une construction immédiate, on résolut d'édifier une école pour les filles dans l'enceinte du château (30 mars 1887). Une somme de 6,000 francs donnée par Mme Brethé, de la Tonnette, tant au nom de feu son mari qu'au sien (1), rendait moins onéreuses les charges de la commune.

L'école construite dans l'enceinte du château a coûté 49,000 francs (2). M. Boudaud en a été l'architecte.

INSTITUTRICES TITULAIRES

1° Mlle PIVOIN (Noémie), du 14 février 1887 à septembre 1890 ;

En attendant la construction nouvelle, elle fut installée dans la maison Blouin, sur le champ de foire, que le préfet avait louée d'office pour 425 francs ; elle occupa ensuite la nouvelle école, la première dont la commune ait jamais été propriétaire.

2° Mlle BEDEL (Marie), de septembre 1890 à septembre 1902 ;

3° Mlle RIVEREAU (Marie). C'est la titulaire actuelle.

L'école de filles, à laquelle est annexée une école maternelle, compte aujourd'hui 95 filles et 70 garçons.

Par son testament du 10 mars 1879, Mme Dugast-Matifeux, née Delphine Brethé (3), a légué ses objets mobiliers et de

(1) Mme Brethé, née Clarisse Giraud, veuve de Brethé (Jules-Joseph-Corneille), mourut à la Tonnette le 25 janvier 1903, âgée de 83 ans. C'est par une lettre du 6 mai 1880 qu'elle avait offert à la commune de Montaigu une somme de 6.000 francs, destinée à la construction d'une école laïque de filles. Le 29 août suivant, M. Rigaud faisait voter cette construction par ses collègues du conseil municipal, mais elle n'était effectuée qu'en 1888, après de bien nombreuses délibérations contradictoires.

(2) L'État paya 30 % de cette somme.

(3) Née le 2 mai 1820, elle mourut à Montaigu le 12 avril 1892.

lingerie à l'institutrice communale laïque de Montaigu. Le conseil municipal en effectua la vente, et, de ce chef, l'institutrice communale reçoit une rente annuelle de soixante francs.

Mme Brethé, de la Tonnette a aussi légué une rente de cent francs (1er avril 1895), pour habiller chaque année les petites filles pauvres de l'école laïque, dont son mari et elle avait été déjà antérieurement les généreux bienfaiteurs.

## 5° Écoles libres de Filles.— Pensionnat Jeanne-d'Arc

En même temps que l'école de la Propagation, dirigée par Mlles Pottier et Rousseau jusqu'en 1815, par les Religieuses de Chavagnes en 1816 et 1817, et par Mlles de Lafargue à partir de l'année 1819, il existait à Montaigu plusieurs autres écoles de filles, sur lesquelles malheureusement nous sommes peu documenté. La mémoire des personnes qui en connurent les maîtresses, était trop affaiblie déjà, quand nous les avons interrogées, pour nous fournir des indications suffisantes, et nous aurions commis des erreurs si nos Archives départementales n'étaient venues nous apporter un secours des plus utiles. Grâce à elles, nous pouvons dire avec précision le peu que nous en savons.

Dès 1810, Mme Aillery, femme du distingué directeur du collège de Montaigu, avec le concours de Mlle Bonne Palierne (1), tenait une école libre de filles. En 1815, après s'être adjointes Mlle Ravilly, — dont nous avons déjà parlé, — elles adressèrent aux familles le programme d'éducation qu'elles voulaient suivre :

« Les pères et mères sont prévenus qu'il s'établit à « Montaigu, département de la Vendée, une Maison

(1) Voir page 27, note 1.

« d'Éducation sous la direction des dames Palierne, qui se « sont associées une compagne à cet effet (1).

« On y enseignera les premiers principes de la religion, « la lecture, l'écriture, la langue française, le calcul, la « géographie et, si l'on veut, les éléments du dessin.

« On y apprendra le tricot, la broderie, la couture et « autres ouvrages manuels... »

Vers 1819, Mlle Bonne Palierne quitta l'enseignement pour devenir directrice de la poste aux lettres, et Mme Aillery et Mlle Ravilly restèrent seules maîtresses de l'établissement.

Une circulaire du Ministre de l'Intérieur, du 9 juin 1819, venant exiger que les institutrices fussent autorisées par le préfet pour avoir le droit d'exercer leur profession, Mme Aillery et Mlle Ravilly adressèrent leur demande, et nous ont ainsi fourni quelques indications intéressantes :

Mme Aillery : « Je tiens depuis dix ans une école de filles « dans cette ville : j'ai associé à mes travaux Mlle Victorine « Ravilly, jeune personne que j'ai élevée. Elle me seconde « de son mieux, et j'espère que par son instruction elle me « remplacera un jour avec avantage. Nous enseignons la « lecture, l'écriture en tous genres, l'arithmétique, le « dessin, la broderie et tous les ouvrages de notre sexe.

« Nous pouvons nous flatter d'avoir la confiance des « pères et mères puisque, malgré l'établissement de « plusieurs autres institutrices, nous avons toujours con- « servé le même nombre d'élèves. Nous n'avons jamais « admis de garçons (2). »

Mlle Ravilly : « Je tiens depuis quatre ans une école de « petites filles auxquelles j'enseigne, outre les principes de « la religion, la lecture, l'écriture en tous genres, la « grammaire française, la géographie, l'arithmétique

(1) Mlle Ravilly. — V. p. 27, la lettre qu'elle écrivait au préfet de la Vendée, le 27 février 1819, et contenant des renseignements sur cette école.

(2) *Archives départementales*, Ta 37.

« jusqu'aux règles de trois, les éléments du dessin, la
« broderie et tous les ouvrages de notre sexe (1). »

On ne pouvait guère demander un enseignement plus élevé, du moins à cette époque.

L'espérance que Mme Aillery formulait de se voir remplacée par Mlle Ravilly, devait se réaliser presque aussitôt. La maladie de M. Aillery fit sans doute qu'elle abandonna l'école de filles; du moins, nous n'avons trouvé que l'autorisation qui fut donnée par le préfet à Mlle Ravilly, à la suite d'un examen dont voici le procès-verbal :

« La demoiselle Victorine-Jeanne Ravilly, née à Nantes,
« fille, âgée de dix-huit ans, demeurant à Montaigu où elle
« exerce avec succès et éloges, aux termes des certificats
« ci-dessous (2), les fonctions d'institutrice du sexe, depuis
« plus de quatre ans, sollicitant, quel que soit son âge, la
« continuation de l'exercice de ses fonctions;.....

« Le jury, considérant que la réclamante a répondu de
« la manière la plus satisfaisante à toutes les questions et
« articles d'examen relatifs à la demande qu'elle faisait
« d'obtenir un brevet de premier degré, prie M. le Préfet,
« s'il lui est possible de faire fléchir les dispositions de
« l'instruction ministérielle, de lui accorder l'autorisation
« de continuer l'exercice de ses fonctions, et de lui accor-
« der à ce sujet un brevet de premier degré, le jury étant
« unanime à cet égard, et les mœurs de cette demoiselle
« dignes de l'éloge des supérieurs temporel et spirituel de
« sa commune (27 janvier 1820) (3). »

Mlle Ravilly reçut le brevet du premier degré le 1er février 1820, et fut autorisée à exercer à Montaigu le 3 mars suivant.

(1) *Archives départementales*, Ta 37.

(2) Ce sont les certificats du curé Allain, et du maire Philippe-Omer Goupilleau.

(3) *Archives départementales*, Ta 37.

A partir de ce moment, nous n'avons plus de renseignement sur elle.

La femme de Jacques MIGNET, née Jeanne-Françoise BROCHARD, tenait une école de filles depuis l'année 1810. « Depuis dix ans, écrit-elle dans sa demande en autorisa-« tion, j'enseigne aux jeunes filles de cet endroit les « principes de la religion, la lecture, l'écriture, le calcul « et toutes autres choses relatives à leur état (22 janvier « 1820) (1). » Nous ignorons si elle fut autorisée.

Marie-Jeanne MANDIN, veuve de Julien RAFFEGEAU, née à Saint-Fulgent le 14 mai 1759, était maîtresse d'école depuis 1810. Elle fit d'abord la classe dans la maison Burdiat, au Pont-Jarlet, puis dans le local qu'avaient occupé, soit ensemble, soit séparément, Mlles Pottier et Rousseau, local situé rue de l'ancienne poste, et dont nous avons parlé. Elle y recevait les enfants des deux sexes, âgés de dix à douze ans, malgré les remontrances du curé d'alors, M. Allain (2). Le Recteur de l'Académie de Poitiers le lui avait interdit le 15 avril 1818 (3), et réitérait sa défense le 9 mars 1819 (4), la menaçant de la fermeture de son école et de poursuites par le procureur du roi.

La veuve Raffegeau céda sans doute, car, ayant obtenu le brevet de deuxième degré, le 9 août 1824, elle fut autorisée à exercer peu de temps après. Son enseignement était des plus élémentaires : « J'exerce depuis neuf ans et « j'enseigne les premiers principes de la lecture », écrit-

(1) *Archives départementales*, Ta 37.

(2) « J'observe que j'ai empêché la réception des garçons dans « différentes écoles de filles, et que je n'ai pu l'obtenir d'une qui « continue à les recevoir. » Signé : Allain, curé de Montaigu, président du comité cantonal.
*Archives départementales*, Ta 4.

(3) *Bibliothèque de Nantes, coll. Dugast-Matifeux*, carton 232-69.

(4) *Bibliothèque de Nantes, coll. Dugast-Matifeux*, carton 232-69.

elle, le 18 novembre 1819, dans sa demande en autorisation (1).

Elle décéda à Montaigu le 18 juillet 1832, âgée de 73 ans (2).

Mlle ROUSSEAU (LOUISE-MODESTE), que Perrine Pottier s'était associée, dès avant l'année 1808, à l'école de la Propagation, continua, après la mort de sa compagne, à faire l'école dans le même local. Elle y mourut le 26 août 1818, âgée de 66 ans (3), et c'est alors que la veuve Raffegeau vint l'y remplacer.

Mlle Rousseau avait été la légataire de Perrine Pottier, mais par un testament en date du 12 avril 1818 (4), elle légua à son tour, aux héritiers de celle-ci, ce qu'elle en avait reçu : « Je veux et entends que les domaines immobiliers seulement qui m'ont été donnés par Perrine Pottier, situés au Petit-Sabot, en cette ville de Montaigu, et aux Godelinières en Treize-Septiers, retournent à ses héritiers ; en conséquence, je leur donne et lègue ces objets. »

Cette preuve de scrupuleuse honnêteté nous montre combien elle était digne de faire l'éducation des enfants qui lui étaient confiées !

On nous a appris que Mlle RÉCHIN (VICTOIRE-JOSÉPHINE) (5) avait tenu une école dans la maison Marin — aujourd'hui Gautherat. Mlle Réchin entra à la communauté de Chavagnes et y reçut le nom de mère Sainte-Thérèse ;

(1) *Archives départementales*, T a 37.

(2) L'acte de son décès la dit âgée de 77 ans. C'est une erreur, car nous avons relevé nous-même son acte de naissance à Saint-Fulgent. Née le 14 mai 1759, elle était fille de Louis Mandin et de Madeleine Caillaud. Du vivant de son mari, elle avait tenu l'auberge de la Corne-de-Cerf, rue des Halles, à Montaigu.

(3) L'acte de son décès lui donne à tort 75 ans (Voir p. 25, note 1).

(4) Au rapport de Me Charrier, notaire à Montaigu.

(5) Née à Chavagnes-en-Paillers le 9 août 1785, elle était fille de Lazare Réchin, chirurgien-juré, et de Marie Caillon.

elle fut l'une de celles qui vinrent s'établir à Montaigu, lors de la fondation de 1814.

Dans un acte de Me Baron, notaire à Montaigu, en date du 23 juillet 1826, elle est qualifiée « religieuse de la congrégation de Chavagnes, demeurant actuellement à Montaigu ». Or, à cette époque, il n'y avait pas d'école congréganiste à Montaigu.

D'autre part, nous savons qu'elle obtint le brevet de capacité du deuxième degré le 13 mars 1824 (1), et qu'elle fut autorisée à exercer les fonctions d'institutrice le 23 mars suivant (2).

Elle avait donc quitté le voile, pour des raisons que nous ignorons, quand elle se fit maîtresse d'école.

Elle mourut à Montaigu le 15 janvier 1851, âgée de 65 ans.

Une demoiselle EVELIN (Véronique), née à Montaigu le 23 avril 1791 (3), avait épousé au même lieu, le 19 avril 1813, François Barbaud, régisseur de biens à Boufféré (4). Devenue veuve le 8 novembre 1822, elle se fit institutrice, et ouvrit une école de filles au faubourg Saint Jacques, dans la maison Rocheleau. Peut-être continua-t-elle cette profession jusqu'à son second mariage, le 10 février 1835, avec Jagueneau (Constant-Jacques) (5)? On sait qu'à cette époque les demoiselles de Lafargue, très âgées, n'étaient plus guère institutrices que de nom. En tout cas, nous n'avons pas trouvé trace de sa réception au brevet élémentaire, pas plus que de son autorisation à exercer.

Elle mourut à Montaigu le 22 janvier 1855, n'ayant pas tout à fait 64 ans.

(1) *Archives départementales,* T a 37.

(2) *Archives départementales,* T a 37.

(3) Fille de Pierre, chapelier, et de Marie Dronneau.

(4) Fils de François Barbaud, régisseur du Hallay, et de Madeleine Duret; il avait alors 28 ans.

(5) Né à Montaigu le 1er mai 1805, — donc bien plus jeune que sa femme, — il était fils de Jacques Jagueneau, chapelier, et de Jeanne Arnaud.

Mlle BOURON. — Les 30 août et 2 septembre 1842, le Comité d'instruction primaire du canton de Montaigu autorisa Mlle Bouron (Victoire-Madeleine Charlotte) (1) à établir une école primaire libre pour les jeunes filles. Cette institutrice, qui avait exercé à Cugand en 1820, était déjà bien âgée — cinquante-cinq ans — quand elle ouvrit son école dans la maison Huchet, sise en face de celle de M. Gaillard, maire actuel de Montaigu. Elle y mourut dès le 2 octobre 1844, sans avoir eu le temps de faire apprécier ses mérites.

Depuis la disparition de l'établissement des Religieuses de Chavagnes, Mlle ADÉLAÏDE DUPOUET dirige, dans le même local (2), une institution libre qui reçoit des pensionnaires — Pensionnat Jeanne-d'Arc — et des externes.

A l'heure actuelle, elle compte une trentaine d'élèves internes, et une centaine d'élèves externes : c'est une situation plus prospère qu'elle ne l'était sous les Religieuses, du moins dans les dernières années,

## 6° Ecole d'Asile

A sa session du mois d'août 1854, le Conseil municipal de Montaigu décida d'établir une école d'asile dans les anciens bâtiments du château dits les Grandes-Écuries.

(1) Mlle Bouron avait obtenu du Préfet de la Vendée, le 2 août 1826, l'autorisation d'exercer comme institutrice libre, en échange d'un brevet de capacité qui lui avait été délivré le 17 mars 1810, et confirmé le 23 mai 1826.

Elle était originaire de Chavagnes-en-Paillers, et vivait à Montaigu avec sa sœur, Sophie-Angélique, qui y mourut le 18 octobre 1849, âgée de 62 ans.

(2) Le local occupé par Mlle Dupouet appartient toujours à la communauté de Chavagnes, qui l'a loué à Mlle Barreau. Cette dernière a acquis de la même communauté (le 7 avril 1904), le terrain sur lequel avaient été construites les classes pour les indigentes, et Mlle Dupouet est propriétaire de celui qu'habite M. l'abbé Piveteau, dernier aumônier des Religieuses.

Leur appropriation à cette nouvelle destination nécessitait quelque temps (1), et pour procurer à la population le bénéfice immédiat de cette création, on reçut provisoirement les enfants, rue de Tiffauges, dans la maison que M. Denis Douillard a transformée depuis en une maison-chalet, et que possède M^me^ Prével (1^er^ janvier 1857).

Une religieuse de Chavagnes, la mère Stéphane, née Dardignac, en fut la première directrice : on lui adjoignit M^lle^ Armande Raud, qui avait été envoyée, aux frais de la commune, chez les sœurs de Saint-Vincent-de-Paul, à Luçon, pour s'initier à la tâche qu'elle avait acceptée.

Les directrices furent successivement :

1° La mère Stéphane, avec M^lle^ Raud, puis avec la mère Zénobie ;

2° La mère Zénobie ;

3° La mère Anne-Gabrielle, née Fresneau.

La laïcisation de l'école de filles amena la substitution d'une école maternelle à l'école d'asile : aujourd'hui l'école de filles et l'école maternelle ont une même directrice, M^lle^ Rivereau, et occupent deux locaux contigus.

Nous avons parlé, dans le cours de ce travail, de la vente du petit domaine de la Propagation, et expliqué que les demoiselles de Lafargue avaient eu pendant leur vie, c'est-à-dire jusqu'en 1851, date du décès de la dernière de ces demoiselles, la jouissance des 250 francs de revenu que produisait le prix de cette vente.

Les demoiselles de Lafargue méritaient bien cette faveur ; mais, depuis 1836, c'est la commune de Montaigu qui préle-

(1) L'Etat donna une subvention de 6.000 francs pour la construction, et une autre de 500 francs pour l'acquisition du mobilier. La dépense totale s'éleva à 8.500 francs environ. L'adjudication des travaux eut lieu en 1856, et M. Liborge, architecte à Nantes, en avait établi le devis. — L'école d'asile ne vint occuper le local aménagé dans le château que vers le mois d'août 1858.

vait sur ses propres ressources (1) l'indemnité dûe aux Religieuses de Chavagnes pour l'instruction des filles pauvres, l'hôpital n'ayant pas un personnel suffisant pour acquitter la charge que lui avaient imposée, en 1705, les marquis et marquise de Crux.

L'ouverture de l'école d'asile détermina la commission administrative de l'hospice à faire remise à la commune de la rente de 250 francs provenant de l'ancienne Propagation, et à accepter de loger, nourrir et blanchir les deux religieuses de l'asile contre le paiement annuel d'une indemnité de 200 francs (2).

Enfin, depuis la laïcisation de l'école des filles, la commune continuant à avoir seule la charge de l'instruction des filles pauvres, l'hôpital verse entre les mains du receveur municipal la somme de 150 francs, qui représente la rente primitive de 250 francs réduite par le taux actuel de l'intérêt.

C'est ainsi que les conditions de la donation des marquis et marquise de Crux sont fidèlement observées.

(1) Pendant les années 1852 et 1853, l'hôpital autorisa son ordonnateur à délivrer la rente de 250 francs, provenant de la Propagation, à la commune, en compensation des charges qu'elle lui évitait (délibération du 21 janvier 1851).

(2) Délibération du 30 avril 1856. Plus tard cette indemnité fut portée par le Conseil municipal à 800 francs.

# II. — ÉCOLES DE GARÇONS

En fondant, vers l'année 1438, dans l'enceinte même de son château de Montaigu, une collégiale ou chapitre de Saint-Maurice, Jean de Harpedane, dit de Belleville, avait confié au chanoine-chantre les fonctions de maître d'école de la localité.

Les offices religieux laissaient trop peu de loisirs à ce dignitaire pour qu'il pût s'en acquitter sérieusement. Il s'y employait cependant de son mieux, du moins dans les temps voisins de la fondation, et enseignait surtout les principes de la religion et la lecture du latin ; ses jeunes auditeurs devenaient ainsi plus attentifs aux cérémonies religieuses, et lui, par un choix judicieux, pouvait recruter parmi eux de précieux concours au lutrin.

Y eut-il, dans les siècles suivants, des maîtres d'école laïques à Montaigu ?

Des étudiants ecclésiastiques qui avaient abandonné les cours de théologie, et aussi quelques-uns des élèves du chantre, alors que celui-ci avait oublié même les devoirs de sa charge au chapitre (1), se firent probablement maîtres d'écoles ; mais les bonnes volontés, si elles n'étaient pas rares, pouvaient bien ne pas se manifester assez régulièrement.

C'est pour cela sans doute que les seigneur et dame

(1) Dans une lettre de Jacques Thibaudeau, procureur fiscal de la baronnie de Montaigu, adressée le 27 mai 1596 à Mme la duchesse de la Trémoïlle, on lit : « l'aumosnerie et chantrerie (sont) en la maison de M. de la Rayrie, qui ne chante ni ne distribue aumosne ».

de Crux (1) eurent l'heureuse inspiration, vers 1680, de créer à Montaigu, sous le nom de collège, une école pour les garçons, et d'assurer le recrutement des maitres par une dotation suffisamment rémunératrice.

L'acte de cette fondation s'est perdu pendant les troubles de la Révolution et de la guerre de Vendée. Mais nous savons qu'ils avaient donné, à perpétuité, au maître qui instruirait gratuitement les enfants pauvres de la ville, une rente annuelle de 300 livres (2), et une maison pour tenir l'école.

Cette maison fut celle que, vers 1600 et années suivantes, ils avaient fait édifier pour être le siège de la sénéchaussée de Montaigu.

En vue de sa nouvelle affectation, on enleva alors les meneaux et les grilles des fenêtres afin de faciliter l'éclairage des classes, où malgré tout la lumière n'entrait que trop parcimonieusement, mais on ne put faire disparaître l'inégalité de la construction : aucune pièce, au rez-de-chaussée comme au premier étage, n'était de plain-pied, et la cour, resserrée entre la rue Saint-Jean et la douve du château et suffisante auparavant pour le sénéchal et les gens de la cour, restait trop peu spacieuse pour se prêter aux jeux salutaires des élèves en récréation. Il était facile du reste de le constater, il y a quelques années encore, car cette maison, devenue la cure paroissiale, de 1801 à 1885, n'avait subi aucune modification.

C'est là que l'amiral du Chaffault, Gilles de la Roche-Saint-André, La Révellière-Lépeaux, le conventionnel Goupilleau et bien d'autres, firent leurs premières études sous la direction des maîtres dont nous allons parler.

(1) Gabriel-Antoine de Crux et Françoise de Saint-Martin, son épouse, alors seigneur et dame de la baronnie de Montaigu, laquelle ne fut érigée en marquisat qu'au mois d'octobre 1696.

(2) Une rente de 300 livres d'alors équivaudrait aujourd'hui à une rente d'au moins 1,200 francs. Il s'y ajoutait naturellement la rétribution payée par les enfants des familles aisées.

## 1° Maîtres d'Écoles laïques

### 1° GOURRAUD (Pierre)

Il mourut le 9 mai 1714, âgé de 55 ans, « après avoir fait « l'école des garçons dans Montaigu pendant ..... ans », dit l'acte de son décès (1). Il est fâcheux que l'on ait omis d'indiquer la durée de sa carrière professionnelle. Sans doute elle avait été longue, et Pierre Douteau, qui fit sa sépulture, n'étant lui-même curé de Montaigu que depuis l'année 1708, avait dû le trouver déjà maître d'école. Très probablement il fut le premier maître à la fondation de 1680. Marié à Magdeleine Gouin, décédée le 9 février 1718, à l'âge de 61 ans, il en eut un fils, Pierre-René, le 2 mars 1693.

### 2° De BOISCOURBEAU (François)

Nous le trouvons mentionné dès le 22 décembre 1723, puis pour la dernière fois le 26 mars 1727. Peut-être est-ce le même que le François de Boiscourbeau, sieur des Plantes, qui fut parrain, le 2 mars 1714, d'un garçon « trouvé exposé sous un pied d'arbre, au portail des dames « Religieuses (Fontevristes) de Montaigu », et nommé pour cette raison François Duchesne (2).

### 3° LE ROUX (Mathurin)

Né vers 1690, il était fils de Jacques et de Marie Fonteneau. En 1714, il étudiait au collège de l'Oratoire à

(1) « Le dixième may mil sept cent quatorze, a été inhumé, au « cimetière de cette paroisse, le corps de Pierre Gourraud, décédé le « jour précédent, âgé de cinquante-cinq ans, après avoir fait l'école « des garçons dans Montaigu, pendant ..... ans; en présence de « Joseph Guesmard, de François Arnaud et plusieurs autres qui ne « sçavent signer. — P. Douteau, curé de Montaigu. »

(2) Nous indiquons cette particularité qui donne l'explication de certains noms de famille.

Nantes, et dut succéder à de Boiscourbeau, vers 1727, du moins il n'est pas dénommé maître d'école dans l'acte de son mariage, le 21 janvier de cette année. Ses études premières le firent qualifier « maître d'école pour le latin ». Il mourut le 13 juin 1729, âgé seulement de 33 ans (1).

### 4° DUPONT (Philippe)

Il est indiqué à l'acte de sépulture de son fils, Jean, le 9 août 1730.

### 5° THIBAUD (Louis) (2)

Il était maître d'école au moins en janvier 1732, et encore en 1742. Il quitta vers cette époque Montaigu, pour devenir régent de Saint-Georges, près Montaigu, où il mourut le 28 novembre 1754, âgé de 54 ans.

### 6° MARTIN (Pierre)

Dès 1747, et jusque vers 1763. Sa fille, Jeanne, fut l'une des sœurs de la Propagation.

(1) « Le quatorzième de juin mil sept cent vingt-neuf, a esté « inhumé au cimetière de cette paroisse le corps de Mathurin Le « Roux, maître d'école pour le latin, décédé le jour précédent, âgé « d'environ trente-trois ans; en présence de Georges Pottier, mar- « chand, et de François Hervouet, cordonnier, les deux de cette « paroisse, qui ne sçavent signer, et de plusieurs autres. — P. Dou- « teau, curé de Montaigu. »

Ce Mathurin Le Roux avait épousé à Saint-Jean-Baptiste de Montaigu, le 21 janvier 1727, Louise Guicheteau, qui épousa en deuxièmes noces et au même lieu, le 10 juin 1738, Etienne Vignerot, brigadier de la maréchaussée au département de Montaigu, lequel était veuf de Catherine Landreau.

(2) Fils de Jean et de Jeanne Douet, il épousa à Saint-Jean-Baptiste de Montaigu, le 1er février 1723, Renée Girard, dont il eut : 28 janvier 1732, Céleste-Charlotte; 15 août 1731, Louise-Gabrielle; 20 octobre 1737, Louis-Augustin; 11 novembre 1730, Pierre-Martin. Ce dernier devint notaire du marquisat de Montaigu, et mourut le 29 mars 1825 dans le faubourg Saint-Jacques qu'il habitait.

## 7° LE SÉGUILLON (Joseph)

Il était originaire de la Normandie. Le marquis Jacques-Gabriel-Louis Leclerc de Juigné, marquis de Montaigu, qui possédait dans cette province des fiefs importants, le décida à venir se fixer à Montaigu. Il avait fait des études théologiques et reçu les ordres mineurs, ce qui explique qu'il signe *clerc tonsuré* à une sépulture du 7 septembre 1764, peu de temps sans doute après son arrivée à Montaigu.

Le Séguillon enseignait la langue latine, et fut le maître du conventionnel Goupilleau (Philippe-Charles-Aimé) et de La Révellière-Lépeaux.

Il avait continué à entretenir avec le premier une correspondance assez suivie, et lui écrivit, entre autres, la lettre suivante qui nous dispense d'une biographie (1) :

« A Montaigu, ce 23 février 1776.

« ..... Vous avez sensiblement chatouillé mon amour-« propre, (car j'ay beau faire, il ne s'éteindra qu'avec moi), « lorsque vous m'avez appris que Monsieur le Marquis de « Juigné a donné son approbation à ma pièce latine, et que « Monsieur son fils l'avoit honnoré de sa traduction.

« Au sujet du Recueil de mes opuscules en prose et en « vers, j'en avois déjà conçue l'idée ; mais, tout bien réfléchi, « la chose me paroît plus que difficile.

« Plusieurs de mes anciennes pièces, que j'avois prêté, « ne m'ont pas été rendues ; plusieurs autres se sont per-« dues dans l'agitation de mes voyages : mes pièces cou-« ronnées au nombre de sept aux Académies de Caen et de « Rouen, ainsi que deux médailles d'argent remportées à « celle de Rouen, ont subi le même sort, excepté une ode « françoise : plusieurs autres pièces, enfans de colère ou

(1) *Collection Dugast-Matifeux, Bibliothèque de Nantes*, carton 63. Il y a quatre lettres de Le Séguillon.

« d'enjouement, ont très justement péri dans les feux « d'une Mission Laurentine (1), enfin, le peu qui me reste « demandroit à être retouché, ou même refondu. D'ailleurs « les devoirs assidus de mon état, et le nombre actuel de « mes petits auditeurs, emportent tous mes momens; quand « je sors de classe, la tête m'en fume : la fortune ne me « permet pas cet honnête loisir où l'esprit peut tranquille- « ment se livrer à ses goûts.

« Si cependant l'occasion se présentoit de produire de « tems en tems quelques pièces fugitives, j'auray l'honneur « de vous les communiquer en premier lieu. Je n'oublieray « jamais que votre jugement sur mes vers latins adressés à « Monsieur de Juigné, a précédé et m'a annoncé celui de « tous les autres.

« J'ay l'honneur d'être très respectueusement,

« Monsieur,

« Votre très humble et très obéissant,

« LE SÉGUILLON (2). »

En suscription : *« A Monsieur, Monsieur Goupilleau de*

(1) Le Séguillon fait allusion ici à la mission qui fut prêchée en l'église Saint-Jean-Baptiste de Montaigu par les missionnaires de la communauté de Saint-Laurent-sur-Sèvre, du 21 février 1778 au 26 mars suivant. (V. reg. paroissial de Saint-Jean-Baptiste de Montaigu.)

(2) Dans une autre lettre adressée au même, et datée « au collège de Montaigu le 6 janvier 1777 », Le Séguillon écrit qu'il pense comme lui « sur la frivollité des visites annuelles, et sur les avantages de la véritable amitié ». Il ajoute : « Je suis vraiment flatté, Monsieur, du nom prétentieux d'ami que vous me donnez, et je ferai en sorte de n'en point paroître tout à fait indigne ». Il joint à cette lettre une ode « *Sur la naissante année* », dont voici la dernière strophe :

Un ami véritable et digne de nous plaire
Efface tout l'éclat de l'or;
Quel bonheur! si j'en crois un cœur noble et sincère,
J'ay trouvé ce riche thrésor.

M. Dugast-Matifeux, dans une note manuscrite, dit que Le Séguillon avait publié quelques pièces de vers dans les recueils périodiques du temps *(Almanach des Muses, Journal de Verdun, Mercure galant ou de France)*. Nous avons vainement consulté ce dernier recueil.

« *Villeneure, avocat, rue du Temple, cul de sac d'Argenson,*
« *à Paris.* »

La Révellière-Lépeaux parle de lui en ces termes : « ... Je restai à Montaigu chez un nouveau maître qui venait d'y arriver. C'était un abbé Séguillon, bas-breton... Malgré sa figure rébarbative, il ne nous frappait jamais, et faisait de fort bons élèves. J'avançai assez avec lui pour aller retrouver mon frère à Beaupréau, et y entrer en troisième, comme il était en rhétorique (1). »

Le Séguillon fut frappé d'une attaque d'apoplexie le 13 juin 1877 ; ses meubles furent vendus le 23 novembre 1778, et il quitta Montaigu.

## 8° SAUVAGET (Claude-Clément)

Originaire de Vieillevigne, il était fils de François, maître tanneur au village du Moulin, et de Renée Sauvaget, et frère de François, chanoine-chantre de la collégiale de Saint-Maurice de Montaigu. Marié à Catherine Béziau, dont la sœur, Jeanne, avait épousé Davy (Jean-Pierre-François), intendant à Montaigu du marquis de Juigné, il dut à l'influence de son beau-frère d'être choisi pour succéder à Le Séguillon comme principal du collège de Montaigu, ainsi que l'on disait alors.

Dans ce collège, « un maître (Sauvaget) et deux sous-maîtres enseignaient les éléments de la langue latine... L'on ne croyait pas que la langue maternelle méritait d'être étudiée, et l'on n'en faisait pas connaître les plus simples éléments (2). » On est en droit de s'étonner que dans ces conditions les progrès en latin aient pu se produire, et pourtant Sauvaget a laissé une excellente réputation comme professeur. Il avait, dit un document du 4 octobre 1810, pu réunir 55 élèves, dont 25 pour la langue latine seulement, et

(1) *Mémoires de La Révellière-Lépeaux*, t. I, p. 10.

(2) *Statistique ou description générale du département de la Vendée*, par J.-A. Cavoleau, édition de la Fontenelle de Vaudoré, p. 866.

menait ces derniers jusqu'à la rhétorique inclusivement (1). Très rude pendant les heures de la classe, « qui ressemblait à une geôle », disait l'un d'eux, il devenait assez familier pendant les courtes récréations d'alors pour prendre part à leurs jeux.

Les événements de la Révolution firent de Sauvaget un homme politique. Le 1er janvier 1791, il fut nommé maire de Montaigu. Sa démission, le 15 octobre 1791, pour n'avoir pas, le lendemain, à installer le curé constitutionnel Claude Bouche, puis sa réélection le 13 novembre suivant, le firent dénoncer à l'Assemblée nationale comme un ennemi des idées nouvelles. Il joignait, du reste, ses efforts à ceux des autres membres de la municipalité (et cela en désaccord avec le district), pour obtenir le retrait de la garnison maintenue à Montaigu dans le but de contenir les agitations des communes voisines. « La conduite de la municipalité, écrivait Dumouriez le 8 février 1792, est au rebours des belles protestations dont elle accable les ministres dans ses nombreuses pétitions (2). »

Sauvaget n'en continua pas moins à être maire de Montaigu. C'est qu'en effet il exerçait une influence considérable sur l'esprit de la population, qui n'avait pourtant pas changé, et lui avait fait dire : « Montaigu partagea un des premiers l'enthousiasme de la liberté qui saisit tous les Français en 1789 (3). »

Mercier du Rocher, en ses *Mémoires*, fait de Sauvaget ce portrait peu flatteur :

« Le chef-lieu (Montaigu), était un foyer d'aristocratie;

(1) *Archives départementales*, T b 1.
Ce document contredit les renseignements donnés par Cavoleau, mais celui-ci, contemporain de Sauvaget, devait cependant être bien renseigné.

(2) V. *Préparation de la Guerre de Vendée*, par Chassin, t. II, p. 109.

(3) *Mémoire justificatif des Officiers municipaux de Montaigu*, adressé à l'Assemblée Nationale. — Chassin : V. *Préparation de la Guerre de Vendée*, t. II, p. 106.

« la municipalité avait à sa tête un maire qui la servait « avec zèle. C'était un maître de latin entièrement dévoué « à la noblesse et au clergé. Dumouriez, qui avait eu un « entretien avec lui, nous écrivait que c'était un scélérat. « J'ai vu, nous disait-il, le maître d'école de Montaigu. « Jamais Denys le Tiran n'a professé de tels principes : il « les inculque à ses jeunes élèves. L'esprit de ce pays est « si mauvais, les aristocrates y ont tant d'audace que nous « serons forcés d'y faire peut-être le coup de fusil. »

Lors des dénonciations dont il avait été l'objet, Sauvaget songea à laisser ses fonctions de principal du collège. « Nous voilla dans un grand embarras par rapport à mes « enfants. Sauvaget leur a notifié, le 24 au soir, qu'ils ne « reviendroient que lorsqu'il leur feroit savoir, cella veut « dire tout net qu'il ne veut plus continuer le collège. « N'est-ce pas bien singulier et bien extraordinaire qu'un « maire, qui dit avoir beaucoup de patriotisme et d'excel- « lents principes, refuse le serment civique comme profes- « seur, et aime mieux perdre sa place que de le faire après « l'avoir tant fait désirer (1). » Néanmoins, il rappela ses élèves au commencement de janvier 1792, mais pour peu de temps il est vrai.

Nommé membre du comité royaliste de Montaigu, le 15 mars 1793, il cessa aussitôt d'être professeur. Le 18 janvier 1795, il fut l'un des signataires du traité de la Jaunais, puis bientôt quitta définitivement Montaigu pour aller se fixer à Vieillevigne, son pays natal. Là encore il joua un rôle politique assez important, qui ne nous intéresse plus directement ; il y reprit même les fonctions de maître d'école, et y mourut le 4 juin 1813, âgé de 70 ans (2).

(1) Lettre du 26 décembre 1791, de Jean-Victor Goupilleau à son frère Philippe-Charles-Aimé ; *Bibl. de Nantes*, carton 70.

(2) Sa femme, Catherine Béziau, était morte, le 21 thermidor an II, à la Ruffelière, en Saint-Philbert-de-Bouaine, âgée de 55 ans.

## 9° RENAUDIN (Jean-François) (1)

L'école de Montaigu était restée sans maître depuis le 15 mars 1793. Le 17 floréal, an IV (6 mai 1796), le citoyen Renaudin se présenta avec succès devant le jury de Montaigu (2) pour être admis aux fonctions d'instituteur primaire. Les commissaires provisoires de la municipalité (3), sur l'avis favorable du commissaire du pouvoir exécutif (4), adressèrent le procès-verbal de l'examen à l'administration départementale, le 19 prairial (7 juin 1796); celle-ci autorisa Renaudin à exercer (21 messidor — 9 juillet 1796), et le conseil général confirma cette décision, en lui enjoignant de prêter préalablement devant la municipalité de Montaigu « le serment de haine à la royauté et « de fidélité imperturbable aux lois de la République ». Renaudin fut installé le 5 thermidor (23 juillet 1796), dans la partie droite de la maison du collège, qui appartenait toujours à la commune, la partie gauche étant le siège de l'administration communale. Le maître d'école n'avait plus à sa disposition qu'un côté de la maison occupée tout entière par Sauvaget.

Renaudin fut un peu moins de deux années maître d'école à Montaigu. Veuf d'Eugénie Prétexte, il se remaria le 13 nivôse, an VI (2 janvier 1798), à Rose-Elisabeth Déléard, et habitait à Vieillevigne dès cette époque. Il alla ensuite demeurer à Nantes, et divorça le 7 ventôse an IX, (26 février 1801).

(1) Né à Saint-Sulpice-le-Verdon, le 4 juin 1767, fils de Mathurin et Louise Chardonneau.

(2) Le Jury était composé des citoyens Sorin, Musset et Touzeau.

(3) Composée des citoyens : Thiériot (Hardouin-Aimé), président; Chapelain, secrétaire; Marteau, Guédon, J. Dabin, Simon, Poirier, agents. C'était donc la municipalité qui, à cette époque, avait à se préoccuper des choses de l'instruction.

(4) Charles Dugast-Matifeux, père de l'érudit qui a légué à la Bibliothèque de Nantes ses précieuses collections.

## 10° SIMONIN (Jean)

Il exerçait la profession de cabaretier (1), quand, après examen, il fut nommé, par arrêté de l'administration centrale du département de la Vendée du 17 prairial an VI (5 juin 1798), instituteur primaire à Montaigu. Il fut installé le 26 messidor (14 juillet 1798), après avoir prêté le serment « de haine à la royauté, à l'anarchie, attachement et fidélité « à la République et à la constitution de l'an III ».

Simonin mourut à Montaigu le 15 juin 1807, âgé de 49 ans, et l'acte de son décès le qualifie *huissier public*. Depuis quelle époque n'était-il plus instituteur? Nous serions tenté de croire qu'il menait encore de front ces deux professions le 27 décembre 1806, car, à cette date, il perdait un jeune enfant (Félix-Auguste), et habitait la maison commune.

En tout cas, même s'il avait peu d'élèves, il ne pouvait leur donner les soins que l'on était en droit d'exiger de lui, et dès le 27 pluviôse, an XIII (16 février 1805) la municipalité lui cherchait un successeur : « L'instruction, totalement abandonnée dans la commune depuis les troubles civils, lui a semblé demander de nouveaux efforts pour en faire recueillir les fruits à une jeunesse trop négligée ; le Conseil municipal charge le maire du soin d'obtenir une école secondaire, ou du moins de procurer à la ville un instituteur qui en tienne lieu ; il est d'avis qu'on lui alloue, pour logement et traitement, une somme annuelle de quatre cents francs (2) ».

On songea à Sauvaget, l'ancien directeur du collège,

(1) Jean Simonin, ci-devant capitaine au 10e bataillon de la Meurthe, né le 20 juillet 1758 à Lidrezinez, département de la Moselle, et fils de Barthélemy et de Catherine Claude, épousa à Montaigu, le 10 ventose an V (28 février 1797), Madeleine Plessis, veuve de Guillaume Payraud, et originaire de Cugand.

(2) Délibération du 27 pluviôse an XIII (16 février 1805).

qui, nous l'avons dit, était alors instituteur à Vieillevigne, mais les instances les plus flatteuses ne le décidèrent pas à revenir à Montaigu.

### 11° — 12° LEBRETON (?) — HUBERT (?)

Deux instituteurs se fixèrent à cette époque à Montaigu, sans titre officiel, la municipalité n'ayant même accordé à chacun d'eux qu'un secours provisoire.

Si nous pouvons affirmer leur existence, aucun document ne nous a conservé leurs noms. Ce furent peut-être les nommés Le Breton et Hubert, qui, du moins, avaient certainement brigué la place. Le premier, instituteur à Nantes, s'informait s'il existait un pensionnat et si une indemnité, en plus d'un local convenable, était assurée à l'instituteur (29 messidor an XIII. — 18 juillet 1805). Le second, « reçu par le Conseil et Jury d'instruction de Paris, lieu de sa naissance » et ex-instituteur primaire à Angers, se déclarait prêt à venir à Montaigu si on voulait lui accorder son chauffage en plus des 400 francs promis (17 fructidor, an XIII. — 4 septembre 1805).

Quoi qu'il en soit, les instituteurs qui s'étaient établis à leurs risques et périls ne surent pas donner satisfaction à la population et à la municipalité, et celle-ci eut l'idée d'ouvrir un concours public, où les titres des candidats devaient être sans doute seuls discutés.

« L'instruction publique, cet objet perpétuel de la sollicitude du conseil, est bien loin d'être améliorée ; deux instituteurs se sont fixés à Montaigu, des secours provisoires leur ont été accordés, mais ils n'ont su se concilier *ni la confiance ni l'estime publique ;* le Conseil ne pouvant plus longtemps *laisser la jeunesse entre des mains aussi peu dignes de la guider,* et voulant par tous les moyens possibles contribuer à la fondation d'une maison d'éducation où les pères de familles puissent faire donner à leurs enfants une éducation convenable,

Arrête :

1° Qu'à compter de l'échéance prochaine des engagements que M. le Maire a pu contracter au nom de la commune, il ne sera alloué aucun secours aux instituteurs qui sont actuellement à Montaigu ;

2° Que pour procurer à la ville un instituteur doué des mœurs, de l'intelligence et des qualités nécessaires à une profession aussi intéressante, il serait incessamment et à la diligence de son président ouvert un concours public ;

3° Qu'il serait pourvu d'une manière convenable aux frais d'établissement et au sort futur du sujet qui sera admis, d'abord par l'application des 320 francs que le Conseil vote pour cet objet, et ensuite par le produit d'un appel qui sera fait à la générosité des citoyens, qui s'empresseront, le Conseil en est persuadé, de contribuer à la réussite du projet arrêté... (1) ».

Trastour, docteur-médecin ; Simon ; Pavageau ; Chabrol ; Évelin ; Pineau ; Tortat ; Trastour aîné, adjoint, remplaçant le maire absent.

Plusieurs candidats se présentèrent :

Dubuisson, né près de Paris, directeur de l'école secondaire de Machecoul, s'engageait à enseigner les langues latine et grecque, s'il lui était fait des conditions assez avantageuses pour compenser l'abandon de sa situation ; le climat de Machecoul, défavorable pour sa santé, lui faisait seul songer à la quitter. Il avait appris par la voie d'un journal la vacance du poste de Montaigu. (Lettre du 19 juin 1807.)

Boullault, professeur de langue latine et française à l'école secondaire de la rue Rubens, à Nantes, avait été pressenti par la municipalité. « J'accepte, écrivait-il, dès aujourd'hui, les deux fonctions (2) dont vous avez cru

(1) Délibération du 14 mai 1807.

(2) Maître d'école et secrétaire de la mairie.

devoir m'honorer. » (Lettre du 26 juin 1807.) Mais il n'était libre qu'au mois de mars de l'année suivante.

Pelletier, ancien officier, demeurant à Nantes rue des Carmélites, offrit ses services comme instituteur. « Je viens d'apprendre par un ami que celui qui y est actuellement en convient pas. » (Lettre du 12 juillet 1807.)

L'abbé C. Richard, prêtre à Nantes, posait sa candidature le 3 août 1807.

Aucun d'eux ne fut agréé.

## 13° AILLERY (Louis-Julien) (1)

Le choix de la municipalité se porta sur M. Aillery, et assurément elle n'eût pu en faire un meilleur.

Né à Nantes, et ancien professeur au collège de Napoléon-Ville (2), M. Aillery vint s'établir à Montaigu vers la fin de l'année 1807. Nous ignorons en quel local il ouvrit son école. La maison qu'avaient occupée successivement Sauvaget, Renaudin et Simonin, était, depuis le Concordat de 1801, devenue la cure paroissiale, et la municipalité, qui ne possédait pas de suffisantes ressources pour construire une école, se contentait d'assurer à l'instituteur une somme de trois cents francs à titre d'indemnité de logement.

Cette situation détermina M. Aillery à acheter, le 30 mai 1809, la maison de M. Charles-Henri Richard, docteur-médecin à Nantes, et qu'habitait alors M. Duboy, receveur municipal (3). L'école y fut faite pour les garçons jusqu'au

(1) Né à Nantes, fils de Louis et de Marie-Anne Gris, il était marié à Anne-Victoire Gibelin. La famille Aillery était originaire de la Bourgogne.

(2) Aujourd'hui Pontivy.

(3) Cette maison fut revendue le 16 janvier 1810, par la veuve Aillery et ses enfants, à M. Charles Dugast-Matifeux et à M. Trastour, co-acquéreurs, qui l'habitèrent pendant toute leur vie.

1er janvier 1835, tant par M. Aillery que par son fils Auguste, et tous les deux ils y tinrent un pensionnat.

Sous M. Aillery père, l'établissement fut des plus prospères ; on y compta, dit-on, jusqu'à 150 élèves dont 70 internes (1). On y enseignait la langue latine, et nous avons sous les yeux le programme de l'exercice public du 1er septembre 1812, dans lequel les élèves vinrent expliquer des épisodes tirés de Quinte-Curce, des passages de l'Énéide et des Métamorphoses d'Ovide. C'était là une manifestation, plusieurs fois répétée dans le courant de l'année scolaire devant les parents et les amis de l'école, du travail sérieux auquel les élèves étaient entraînés.

M. Aillery, maître aussi intelligent qu'instruit et laborieux, méritait les éloges que le respect qui s'attache encore aujourd'hui à sa mémoire nous fait un devoir de reproduire.

M. de Barrante, préfet de la Vendée, dans un rapport du 3 décembre 1810 au Ministre de l'Intérieur, s'exprimait en ces termes : « Je ne saurais trop recommander à votre attention les progrès que fait l'école communale de Montaigu, dirigée par M. Aillery, qui a les qualités d'un directeur de pensionnat de ville plus populeuse. Créée depuis assez peu de temps, elle compte déjà 34 pensionnaires qui y sont bien nourris, bien soignés, convenablement instruits. Il faudrait qu'on s'attachât partout à mettre à la tête des écoles, des hommes comme M. Aillery. Les vides que la guerre civile a faits dans ce département, parmi les personnes instruites, seraient bien vite comblés (2) ».

Il disait encore dans un rapport adressé le 4 octobre 1810

(1) Ces chiffres nous paraissent exagérés. Le local était trop restreint pour en contenir un tel nombre. Nous ne croyons pas que M. Aillery ait pu réunir plus de 80 à 100 élèves, dont 15 pensionnaires au plus. C'est là, du reste, ce qui nous a été affirmé. (V. la note 2, p. 270).

(2) M. Dugast-Matifeux, dont les notes manuscrites nous ont fourni cette citation, dit l'avoir trouvée aux Archives de la Préfecture de la Vendée, sans donner une plus explicite indication.

au duc de Rovigo, ministre de la police générale : « L'école de Montaigu, dirigée par M. Aillery, est un fort bon établissement ; les enfants y sont bien soignés et bien instruits. La plupart sont fort jeunes ; le prix de la pension est modique, cela prouve que le directeur a de l'ordre et de l'économie. Cette école est nouvelle, mais chaque jour elle prend plus d'accroissement et de réputation ; elle renferme une trentaine d'élèves (1) ».

M. Trastour, maire de Montaigu, écrivait au Préfet de la Vendée, le 19 mars 1812 : « M. Aillery, instituteur, et ses deux enfants, aîné et cadet, qui le secondent dans ses pénibles travaux, méritent par leurs talents, leur conduite et leur scrupuleuse exactitude à remplir leurs devoirs, tous les éloges et la considération possibles (2) ».

Depuis M. Aillery, la langue latine n'a plus fait partie du programme d'études à l'école de Montaigu ; et même, plus tard, alors que l'un de ses successeurs y réunissait un nombre bien supérieur d'élèves internes et externes, l'enseignement fut seulement celui de l'enseignement primaire supérieur.

En 1819, au moment où l'école était en pleine prospérité,

(1) *Archives départementales*, T b 8.

(2) Cette citation est inscrite à la droite d'un tableau dressé par M. Aillery, et contenant les noms de ses 15 élèves, avec annotations sur chacun d'eux, et aussi les noms des professeurs de son école.

C'étaient :

| | | |
|---|---|---|
| 2e Année, Grammaire...... | Professeur : | M. Aillery, père. |
| 1re Année, Grammaire...... | — | M. Tiret des Orèves, de Nantes. |
| Classe élémentaire.......... | — | M. Aillery, jeune. |
| Premiers principes......... | — | M. Labrousse, de Machecoul. |
| Langue française........... | — | M. Aillery, aîné. |
| Eléments de Mathématiques. | — | M. Tiret des Orèves. |
| Lecture, Dessin............ | — | M. Aillery, aîné. |
| Musique, Danse............ | — | M. Chevalle.<br>M. Huchet, de Montaigu. |

(Il n'est pas mentionné de professeur de latin. M. Aillery, père, s'en réservait, croyons-nous, l'enseignement).

*Archives départementales*, Tb 10.

M. Aillery fut frappé d'une paralysie qui le tint éloigné de ses élèves : ce fut la cause déterminante de la décadence de l'établissement (1).

Il mourut le 8 octobre 1822, âgé de 52 ans.

## 14° AILLERY (Auguste)

Il avait dix neuf ans quand la maladie de son père l'appela à prendre la direction de l'école, qui, sous ce maître trop jeune et trop inexpérimenté, devait rapidement perdre son excellente réputation.

En 1825, une seule classe suffisait pour les élèves, et Mme veuve Aillery avait loué à des particuliers une partie de sa maison. Le Conseil municipal dut, en conséquence, réduire de moitié l'indemnité de 300 francs qu'il avait consentie pour le logement (1er mai).

Quelques années plus tard, pour ramener des jours plus heureux pour l'école, la municipalité demanda (17 juillet 1832) l'autorisation de substituer l'enseignement mutuel à l'enseignement individuel (2) suivi jusque-là ; et, l'instruction devant être gratuite pour les enfants dès l'âge de sept ans,

(1) Un document du 30 août 1819, signé : Allain, curé de Montaigu, président du Comité cantonal, nous fournit ces indications :

Nombre des garçons de Montaigu susceptibles d'aller à l'école. 80
— — reçus à l'école.......... 20

La population de Montaigu était de 1.300 habitants. (*Archives départementales*, T a 4.

(2) L'enseignement est *mutuel* quand il se transmet du maître aux meilleurs élèves, et de ceux-ci aux élèves plus faibles ; *individuel*, quand le maître prend individuellement chaque élève et lui donne sa leçon.

Dans une lettre adressée le 30 janvier 1833, au Préfet de la Vendée, par Philippe-Omer Goupilleau, maire de Montaigu, on lit : M. Aillery « a autrefois tenu (à Montaigu) une école mutuelle qui a succombé, sous la Restauration, par l'influence du clergé ». (*Archives départementales*, T a 4).

Nous ignorons à quels faits se rapporte l'affirmation de P.-O. Goupilleau.

on alloua à M. Aillery une somme de 300 francs pour son logement, et une autre somme de 600 puis de 900 francs pour son traitement annuel. On espérait, vu la situation précaire de la commune, que le préfet procurerait un secours suffisant pour parfaire les 1,200 francs que M. Aillery demandait. Un mois après, le 30 août, on sollicitait l'ouverture d'un pensionnat annexé à l'école, ce qui prouve qu'il n'en existait plus.

Le préfet n'ayant accordé aucune subvention, M. Aillery ne fut plus astreint qu'à l'instruction gratuite de huit indigents, et l'on fixa à deux francs la rétribution mensuelle des autres élèves.

Le changement de méthode n'avait pas rendu l'école plus fréquentée. Aussi, voulant sauvegarder ses intérêts et assurer sans doute son départ dans les conditions les plus avantageuses, M. Aillery informa le Conseil municipal (9 août 1834) que le bail de sa maison à la commune prendrait fin à partir du 1er janvier 1835.

Se trouvant ainsi, à l'imprévu, dans l'obligation de chercher un autre local, le Conseil municipal loua la maison Pineau, aujourd'hui Guillaumé, et vota en principe (9 octobre 1834) la construction d'un bâtiment scolaire, avec, y attenant, un prétoire pour la justice de paix. Le 9 février 1837, il choisit pour l'édifier le lieu dit la Promenade (1), le long des douves, puis, après le rejet de cet emplacement (4 septembre) par le comité d'instruction primaire, il accepta la proposition, que celui-ci lui suggérait, de l'établir à l'endroit de l'ancien calvaire (2).

Ce ne devait être qu'une résolution mort-née.

(1) On désignait ainsi la partie du champ de foire où se trouvent, pour quelques jours encore, et longeant les douves, la maison et les ateliers de M. Goulet. On devait construire à une distance de deux mètres du mur des douves, et parallèlement à ce mur.

C'est là que, avant la Révolution, il existait un jeu de paume.

(2) L'ancien calvaire, démoli en 1832, avait été élevé sur la partie du champ de foire dénommée actuellement « le champ de foire aux vaches », en face la maison habitée maintenant par M. Léon Richard.

M. Aillery, malgré tous ses efforts auxquels la municipalité rendait un hommage mérité, n'obtenait pas les résultats désirables : il n'avait alors qu'une soixantaine d'élèves, et seulement deux ou trois pensionnaires. Son traitement annuel, depuis 1836, n'était plus que de 450 francs.

Découragé et obsédé par les récriminations des familles qui, se plaignant du peu de progrès de leurs enfants, voulaient lui imposer la méthode d'enseignement dite enseignement simultané (1) ; et, d'autre part, mis en demeure par la municipalité d'opter, pour le 1er mai 1838, entre les fonctions d'instituteur et de secrétaire de la mairie, qu'il cumulait, M. Aillery préféra se retirer. Il devint percepteur à Rocheservière, puis alla mourir à Fontenay-le-Comte, près de son frère l'abbé Aillery (2).

## 15° GRATON (Jean-Donatien)

Le successeur d'Auguste Aillery fut M. Graton, professeur au collège de Bourbon-Vendée, que dirigeait alors M. Pénard.

S'étant pourvu, le 2 mars 1838, du brevet de capacité que lui délivra la commission d'instruction primaire de Bourbon-Vendée, il sollicita la place d'instituteur à Montaigu, et fut

(1) L'enseignement est *simultané*, quand le maître fait la leçon à toute une classe, ou tout au moins à une partie de classe. Un document nous indique que, pendant l'année scolaire 1837-1838, M. Aillery donnait l'enseignement mutuel à 56 élèves, et l'enseignement individuel à 45. (*Archives départementales*, Ta 31).

Son école était donc plus fréquentée que dans les années précédentes, quand les ennuis qu'on lui créait la lui firent quitter.

(2) L'abbé Aillery (Eugène-Louis), auteur du *Pouillé de l'Evêché de Luçon*, né à Nantes le 3 mai 1806, était le quatrième et dernier fils de Aillery (Louis-Julien) et de Anne-Victoire Gibelin. Il embrassa l'état ecclésiastique vers lequel M. Macé, curé des Herbiers, son oncle, avait de bonne heure dirigé ses pensées, dit Benjamin Fillon.

Ordonné prêtre le 15 décembre 1829, il fut vicaire de Noirmoutier en 1829, curé de Corps en 1832, puis prêtre habitué à partir de 1851 à Fontenay-le-Comte, où il mourut des suites d'une paralysie, le 11 février 1868.

agréé (3 avril) par le conseil municipal, puis par le comité d'instruction primaire du canton (8 mai), devant lequel il prêta serment le 9 août : un arrêté ministériel, du 30 juin 1838, l'avait nommé instituteur primaire à Montaigu (1).

M. Graton fut le premier instituteur logé dans un bâtiment communal. Abandonnant, en effet, ses projets de construction, le conseil municipal avait acheté, le 6 décembre 1838, la maison Bégaud, que les demoiselles de Lafargue avaient quittée, et où elles avaient tenu l'école de filles : l'école des garçons devait y rester jusqu'en mai 1899.

Le nombre des élèves ne permettant pas de les réunir dans la maison Pineau, M. Graton avait été autorisé à occuper la maison Bégaud, dès la rentrée d'octobre 1838, c'est-à-dire avant même que le préfet eût ratifié la promesse de vente. Les deux chambres du premier étage furent affectées aux élèves, et le rez-de-chaussée réservé à l'instituteur.

M. Graton était atteint d'une maladie de poitrine qui l'obligea, au commencement du mois de mars 1839, à prendre un congé. M. Nicou (2), déjà sous-maître, fut chargé officiellement de la direction de l'école (10 mars).

M. Graton ne put reprendre ses fonctions, et fut remplacé par M. Gardes à la fin de l'année scolaire.

## 16° GARDES (Jean-Pierre-Abraham-Édouard) (3)

M. Gardes tenait à Nantes, et depuis cinq ans, un pensionnat florissant, quand, après avoir été reçu à l'examen

(1) Ces détails nous indiquent comment se recrutaient alors les instituteurs. Ils recherchaient eux-mêmes les places à leur convenance, et ne se faisaient nommer officiellement qu'après avoir été agréés par la municipalité.

(2) Nicou (Jean-Martin) ancien élève de l'école normale de Nantes, avait été reçu à l'examen du brevet de capacité le 1er novembre 1838, par la commission de Nantes. Il fut nommé instituteur à l'Herbergement par arrêté du Ministre de l'Instruction publique, en date du 1er octobre 1839.

(3) Né le 12 août 1807, à Saint-Étienne-de-Talmont, canton de Négrepelisse, département du Tarn-et-Garonne.

du brevet de capacité par la commission de Nantes, le 4 septembre 1839, il sollicita le poste d'instituteur à Montaigu. Il y fut nommé par arrêté du ministre de l'Instruction publique en date du 1er novembre 1839.

L'installation à Montaigu de cet instituteur, qui avait les meilleures recommandations, fit présager une nouvelle ère de prospérité pour l'école, et, tant pour y concourir que pour encourager son zèle, la municipalité lui accorda un traitement de 550 francs, et obtint en sa faveur l'autorisation d'ouvrir un pensionnat.

M. Gardes établit une classe gratuite du soir pour les indigents. Il créa, avec l'approbation du recteur de l'Académie, des conférences d'instituteurs qui devaient avoir lieu tous les mois pendant l'hiver, et deux fois par mois pendant l'été, se proposant « de parcourir avec eux l'enseignement des principes de la grammaire, de l'arithmétique, du système métrique, de la géométrie appliquée à l'arpentage, et de leur donner des leçons d'histoire, de géographie, de dessin linéaire ». On devait aussi y discuter les méthodes d'enseignement.

Le 2 avril 1840, l'école comptait une centaine d'élèves externes et une vingtaine de pensionnaires, ce qui nécessita qu'on adjoignît un sous-maître (1) à M. Gardes. Celui-ci peu après (2 septembre 1840), ayant obtenu le brevet de capacité pour l'enseignement primaire supérieur, fut autorisé à le donner à ses élèves.

En 1841, il recevait la médaille de bronze, juste récompense de son travail et de ses succès.

La réputation de l'école, de jour en jour grandissante, allait pourtant, en quelques heures, être anéantie.

On apprit, en effet, par un voyageur de commerce de passage à Montaigu, que Mme Gardes n'était pas l'épouse

(1) Ce fut M. David (Jean-Mathias), élève de l'école normale de Bourbon-Vendée.

légitime de l'instituteur, et celui-ci perdit aussitôt la confiance des familles.

Il démissionna le 4 août 1843, et quitta Montaigu en emportant du moins l'estime personnelle de la population et de la municipalité (1).

## 17° MIGNEN (Martin)

Cet instituteur, dont je m'honore d'être le fils, fut nommé à Montaigu par arrêté ministériel du 1er octobre 1843.

Né à Saint-Étienne-du-Bois, le 11 novembre 1817, et devenu orphelin de bonne heure, il fut élevé à Challans par sa tante, Anne Mignen, qui le plaça à l'école dirigée avec distinction par M. Labrousse, puis au collège de la Garnache, où il fit ses humanités jusqu'à la rhétorique inclusivement (2).

Malgré les offres les plus avantageuses pour embrasser une autre carrière, il se décida pour celle de l'enseignement primaire, et, reçu au brevet de capacité pour l'instruction primaire élémentaire le 3 mars 1837, il fut nommé instituteur à Beaufou le 31 décembre suivant, puis, sans transition, en octobre 1841, professeur à l'École Normale des Instituteurs de la Vendée. Il y arrivait alors que cet établissement avait depuis quelque temps déjà perdu son directeur, et se trouvait le maître d'élèves tous plus âgés que lui. La discipline y était fort relâchée; on l'accueillit avec peu de déférence, mais très-vite il sut faire respecter son autorité, et il se plaisait à dire qu'il n'avait jamais eu besoin d'y infliger une punition.

(1) « Le comité d'instruction primaire du canton de Montaigu, sur la déclaration qui lui a été faite le 4 du courant, par le sieur Gardes (Abraham), de son intention de quitter la commune, attendu des motifs de famille, certifie que, pendant quatre ans qu'il a exercé, sa conduite, sa capacité et ses soins pour les élèves qui lui ont été confiés n'ont rien laissé à désirer. » (*Délibération* du 7 août 1843).

(2) Cette première culture intellectuelle, qui lui fut si utile plus tard dans son enseignement, lui permit de donner à de nombreux élèves les premiers éléments des langues latine et grecque.

L'inspecteur primaire, M. Périer, qui l'avait apprécié et lui conserva toujours sa précieuse amitié, l'avait engagé à solliciter le poste de Montaigu. L'école comptait peu d'élèves et seulement trois pensionnaires; en outre, les ennuis qu'avait éprouvés M. Gardes rendaient la population défiante vis-à-vis d'un instituteur jeune et célibataire. Pourtant, grâce à la réputation excellente qui l'avait précédé, le Conseil municipal lui fit obtenir, dès le 4 janvier 1844, l'autorisation d'ouvrir un pensionnat; sa tante demeurait avec lui pour le seconder (1).

Le 7 mars 1843, il avait obtenu le brevet de capacité pour l'instruction primaire supérieure.

Sous la direction de mon père, l'école et le pensionnat prirent rapidement un développement inespéré. Il inscrivit jusqu'à 83 pensionnaires et 152 externes, chiffre qui n'avait jamais été atteint et n'a jamais été égalé : les circonstances ne sont plus, il est vrai, les mêmes qu'alors.

Le local était devenu insuffisant, et, en 1852, 1855, 1858 et 1860, il fallut faire des constructions un peu hâtives, pour lesquelles mon père fut obligé à de lourds sacrifices personnels, la municipalité laissant à sa charge une grosse part des dépenses indispensables.

Mon père est mort à Cholet, le 27 septembre 1865, n'ayant pas encore 48 ans, des suites d'une variole hémorrhagique qu'il avait contractée en visitant des malades de Montaigu atteints par l'épidémie qui y régnait à cette époque (2).

(1) Anne Mignen, veuve de Mathurin Richard, mourut à Montaigu le 6 juillet 1845, âgée de 61 ans.

(2) Appelé à délibérer sur la question de savoir si l'école de Montaigu devait être confiée à un laïque ou à un congréganiste, le conseil municipal donna à la mémoire de mon père un témoignage d'estime que nous nous faisons un devoir d'enregistrer ici : « Le conseil saisit cette occasion d'exprimer ses regrets pour la perte qu'il vient de faire en la personne de M. Mignen, et il se fait l'organe de la sympathie douloureuse ressentie par tous ses concitoyens ». (*Délibération* du 2 octobre 1865.)

Chose intéressante au point de vue médical, mon père avait été vacciné sept fois, sans résultat, pendant le cours de sa vie.

Il avait obtenu, en 1845, la mention honorable; en 1849, la médaille de bronze; en 1852, la médaille d'argent; en 1859, la médaille de bronze de 2e classe, comme secrétaire de la Commission de statistique cantonale. Sa mort prématurée empêcha de lui décerner les palmes académiques, pour lesquelles il était proposé depuis 1857; un instituteur du canton, des plus méritants, M. Guicheteau de Saint-Georges-de-Montaigu en fut gratifié à sa place, parce qu'il n'était plus là pour les recevoir.

Je ne parlerai pas de sa charité inépuisable, de son attachement pour ses collègues, dont il fut l'ardent défenseur spécialement lors de l'application de la loi Falloux.

Entièrement dévoué à ses fonctions, ne marchandant ni ses peines ni ses soins, il fut un instituteur « zélé et capable, obtenant de grands succès (1) ». D'une sévérité qu'il alliait à une grande indulgence et à une extrême bonté, il aimait comme ses enfants les élèves qui lui étaient confiés, et ceux-ci l'affectionnaient comme un père; je suis sûr — ils m'en donnent souvent encore les preuves émues — qu'ils souscriraient tous à ces éloges qu'un fils respectueux, qui lui doit tout, est fier de donner à sa mémoire vénérée!

Son œuvre considérable a laissé des traces bien vivantes, mais le mérite en revient également à Celle qui l'a secondé avec tant d'amour, et dont le pieux souvenir reste toujours inséparé du sien!

## 18e TULLEAU (Henri)

A la rentrée d'octobre 1865, l'école était sans titulaire. Les sous-maîtres de mon père s'entendirent pour laisser à l'un d'eux, M. Hermenier, la direction provisoire de l'établissement, et ma mère reçut les 46 pensionnaires que, malgré l'incertitude de l'avenir, les familles venaient confier à ses soins maternels. C'était l'hommage touchant d'une reconnaissance bien méritée!

(1) Rapport de l'Inspecteur d'académie, du 10 janvier 1850.

Le 20 octobre 1865, M. Tulleau, précédemment instituteur aux Sables-d'Olonne, fut nommé à Montaigu. Peu à peu le pensionnat perdit de son importance : pendant l'année 1870-71, il n'y avait plus que 26 pensionnaires et 130 externes.

M. Tulleau quitta Monthigu le 7 septembre 1871, pour aller exercer les fonctions de receveur municipal à Saint-Clair de Nantes.

### 19° LÉGER (ALEXANDRE)

Il était instituteur à Chavagnes-les-Redoux, quand, le 22 septembre 1871, il fut nommé à Montaigu : il y avait déjà été l'un des sous-maîtres de mon père.

Sous sa direction, et sans qu'on puisse le lui reprocher, le pensionnat cessa presque d'exister. Il inscrivit, en 1872, le nombre de 143 élèves.

Il fut successivement inspecteur primaire à Loudéac et à la Roche-sur-Yon, et directeur de l'école normale d'instituteurs à Rodez. Il prit ensuite sa retraite, et mourut à Luçon en 1895.

### 20° MÉTAY (AMBROISE)

Précédemment instituteur au Petit-Bourg-sous-la-Roche, M. Métay fut nommé, le 31 janvier 1874, à Montaigu, où il avait, lui aussi, été l'un des sous-maîtres de mon père. Il trouva un seul pensionnaire, et parvint à en réunir une vingtaine ; il inscrivit 162 élèves en 1881, pensionnaires compris.

Nommé, pour le 1er octobre 1885, directeur de l'école primaire supérieure de Mortagne-sur-Sèvre, il a pris depuis quelques années sa retraite, et vit à Fontenay-le-Comte, tout près de Sérigné où il est né le 13 août 1837.

Il est le président de la Société de Secours mutuels des instituteurs et institutrices de la Vendée, qui lui ont donné ainsi une marque de confiance bien justifiée.

### 21° GUÉRINEAU (Joseph)

Antérieurement instituteur à la Chaize-le-Vicomte, il fut nommé à Montaigu le 15 août 1885.

Il inscrivit jusqu'à 150 élèves, y compris une quinzaine de pensionnaires.

Victime de rancunes imméritées, et que nous laisserons d'autant plus volontiers ignorer que le principal auteur est mort depuis assez longtemps déjà, il fut nommé à Pouzauges dans les derniers jours du mois de mai 1890.

Depuis son départ, il n'y a plus de pensionnat à Montaigu.

### 22° SOULET (François)

Instituteur-adjoint à Vix, pendant que Mme Soulet était directrice de l'école de filles de cette même localité, il fut nommé, le 4 juin 1890, à Montaigu, parce que l'instituteur de Mouchamps, qu'il devait remplacer, avait refusé d'y venir.

C'est ainsi qu'il devint, sans transition, l'instituteur titulaire du chef-lieu d'un canton.

L'école de Montaigu ne fut plus qu'une école primaire du rang le plus modeste, et l'ouverture d'une école congréganiste, tenue par des frères de la Communauté de Saint-Laurent-sur-Sèvre, en octobre 1895, fit diminuer de moitié le nombre des élèves de l'école communale.

Nous avons parlé (1) du legs fait par M. Dugast-Matifeux, d'un terrain situé près de Montaigu, sous la condition expresse qu'il y serait établi une école laïque de garçons. M. Dugast-Matifeux renonça plus tard à cette clause restrictive, et ce fut sur un autre emplacement donné aussi par lui à la commune, par son testament du 17 mars 1894,

(1) V. p. 38, note 2.

que le conseil municipal décida de construire l'école de garçons actuelle (1) : M. Soulet en prit possession dans les premiers jours du mois de mai 1899.

M. Soulet est, depuis le mois d'octobre 1900, instituteur à Grues.

### 23° GROLLEAU (Henri)

Instituteur à Saint-Fulgent depuis plusieurs années, il fut nommé à Montaigu le 22 septembre 1900.

M. Grolleau, instituteur distingué, a formé de bons élèves et relevé le niveau de l'instruction à l'école.

Il est actuellement directeur de l'une des écoles primaires de La Roche-sur-Yon.

### 24° PERRIN (Louis)

Venu au mois d'octobre 1904, de Noirmoutier à Montaigu, M. Perrin s'est acquis la juste sympathie de la population. Il donne à ses élèves l'instruction solide qui leur est nécessaire, développant dans la mesure du possible le cadre un peu étroit du programme de l'enseignement primaire.

## 2° École libre congréganiste, dite « École du Chaffault » (2)

Construite par M. l'abbé de Suyrot, près de l'église, dans le jardin qui dépendait il y a quelques années de la

(1) Délibération du 11 juillet 1891. — L'école a coûté environ 52,000 francs, dont 30 % payés par l'État. M. Boudaud, de la Roche-sur-Yon, en a été l'architecte.

(2) Depuis la loi de sécularisation, l'école ne peut plus être dénommée qu'école libre.

Une statue de l'amiral du Chaffault, d'après son portrait au Musée de Versailles, décore la façade de l'école.

maison de M. Isidore Dugast, elle a été ouverte, en octobre 1895, par des frères de la communauté de Saint-Laurent-sur-Sèvre.

Le premier directeur fut M. Alexis Foucher, en religion frère Xavier, précédemment sous-directeur de l'école congréganiste de Cholet. Sécularisé sur place, en 1903, il quitta Montaigu l'année suivante, pour aller fonder un important établissement d'instruction à Bruxelles.

Il a été remplacé par M. Delaroche (Pierre-Marie-Joseph), qui actuellement est titulaire de l'école.

Les élèves sont au nombre d'environ 80, tant de Montaigu que des hameaux et villages limitrophes.

Arrivé au terme de notre travail, nous avons le devoir de rechercher les causes de la disparition du pensionnat des garçons à Montaigu.

Les instituteurs qui ont succédé à mon père ont été des plus méritants, et l'on ne peut la leur attribuer. Mais le conseil municipal de Montaigu a-t-il fait le nécessaire pour y retenir les élèves ?

Alors que les établissements scolaires se constituaient partout dans des locaux neufs et bien aménagés, encadrant des cours vastes et bien ensoleillées, le nôtre, vieux, délabré, n'était pas fait pour attirer les élèves du dehors, et n'offrait pas même le confortable justement exigé par les familles.

Ce fut assurément la cause de la ruine du pensionnat.

Une occasion unique s'était pourtant présentée, qui eût permis de modifier avantageusement cette déplorable situation.

Le préfet avait offert, en 1881, de créer à Montaigu la première école supérieure du département; après l'avoir acceptée à l'unanimité, le conseil municipal recula devant des dépenses importantes, il est vrai, mais qui eussent été fructueuses, et dont l'Etat s'engageait à prendre près de la moitié à sa charge (1).

Cette faute, ruineuse pour le commerce local, comme on le sont aujourd'hui, a fait abandonner aux familles notre localité, alors que de nombreux parents eussent été heureux d'y amener leurs enfants, et d'y renouer ces relations de jeunesse qui sont les plus durables. L'école primaire des garçons a été tout aussi onéreuse que l'eût été dans les conditions d'alors une école primaire supérieure, et l'on a perdu, inconsciemment, les avantages de toutes sortes dont Mortagne et Chantonnay, plus avisés, bénéficient tous les jours.

Les regrets d'aujourd'hui sont superflus ! Faut-il pourtant à jamais désespérer ? Disons plutôt avec le poète :

*Multa renascentur quæ jam cecidere* (2).

*Montaigu, le 1er février 1907.*

**Dr MIGNEN.**

---

(1) Le conseil municipal avait voté la création d'une école supérieure de garçons le 20 novembre 1881, et à l'unanimité ; le 16 juillet 1882, il avait confirmé ce vote ; le 21 juillet suivant, il avait accepté le devis des dépenses s'élevant à 101,220 francs, et décidé d'établir l'école, longeant les Olivettes, dans les terrains de MM. Boiel et Bouvet. Les terrains devaient coûter 10,000 francs, compris dans les 101,220 francs.

Le 17 janvier 1886, il crut devoir aussi refuser la création d'une école primaire supérieure de filles !

(2) Horace, *Art poétique*, vers 70.

# Table des Matières

LA ROCHE, IMP. RAOUL IVONNET, 15, RUE LAFAYETTE — 7156

www.ingramcontent.com/pod-product-compliance
Ingram Content Group UK Ltd.
Pitfield, Milton Keynes, MK11 3LW, UK
UKHW021056270726
13967UKWH00012B/1966

9 782013 048842